教师必备金点子系列

JIAOSHIBIBEIJINDIANZIXILIE

U0622980

培养学生的

20 种

好习惯

PEIYANGXUESHENGDE
20ZHONGHAOXIGUAN

周 璐◎编著

吉林文史出版社

图书在版编目（CIP）数据

培养学生的 20 种好习惯／周璐编著 . ——长春：吉
林文史出版社，2012. 11（2021.6重印）
（教学必备金点子系列）
ISBN 978 - 7 - 5472 - 1300 - 1

Ⅰ . ①培… Ⅱ . ①周… Ⅲ . ①中小学生－习惯性－能
力培养 Ⅳ . ①G635. 5

中国版本图书馆 CIP 数据核字（2012）第 267830 号

教师必备金点子系列

培养学生的 20 种好习惯

PEIYANGXUISHENGDE 20 ZHONGHAOXIGUAN

编著／周璐

责任编辑／高冰若

封面设计／小徐书装

出版发行／吉林文史出版社

地址／长春市福祉大路5788号

邮编／130118

网址／www. jlws. com. cn

印刷／三河市燕春印务有限公司

开本／710mm×1000mm　1/16

印张／14　字数／160 千字

版次／2013 年 5 月第 1 版　2021 年 6 月第 3 次印刷

书号／ISBN 978 - 7 - 5472 - 1300 - 1

定价／39. 80 元

前　言

有这样一个寓言故事：

一位没有继承人的富豪死后将自己的一大笔遗产赠送给远房的一位亲戚，这位亲戚是一个常年靠乞讨为生的乞丐。这名接受遗产的乞丐立即身价一变，成了百万富翁。新闻记者便来采访这名幸运的乞丐："你继承了遗产之后，你想做的第一件事是什么？"乞丐回答说："我要买一只好一点的碗和一根结实的木棍，这样我以后出去讨饭时方便一些。"

很多人在看完这则小故事后都会嘲笑这个乞丐的愚行，即使坐拥百万，也无法改变几十年来的"习惯思维"。可见，习惯对人的影响是多么的大啊！正如培根所言：习惯真是一种顽强而巨大的力量，它可以主宰人的一生，因此，人从幼年起就应该通过教育培养一种良好的习惯。

那么，究竟什么是教育呢？叶圣陶认为，教育的目的就是培养习惯。他说："我们在学校里受教育，目的在养成习惯，增强能力。我们离开了学校，仍然要从多方面受教育，并且要自我教育，其目的还是在养成习惯，增强能力。习惯越自然越好，能力越增强越好。"叶圣陶先生非常重视少年儿童良好习惯的培养。20世纪40年代，叶圣陶先生就提出了"教育就是养成良好的行为习惯"这个理念，并专门写了《习惯成自然》和《两种习惯养成不得》等文章。应该说，老先生的这种教育理念值得我们深思并学习。

回溯历史，智慧的先祖们就率先提出了这样一个观念：活到老，学到老。意在启迪世人把教育作为一项长期目标实践终身。放眼21世纪的今天，这依旧具有非常重要的战略意义。当下，教育已深深融入了每一个人的血液，在人格、思想、认知、行为等领域扮演着越来越重要的角色，持久并有效地发挥着越来越重要的作用，不得不说，教育已逐渐成了人类精神文化的继承者和传播者。那么，我们应该如何实现它的长效性和后效性功能呢？这就是本

书所要讲述的核心内容——习惯。

良好的习惯是维系教育功能的可靠保证，关系着孩子德、智、体、美、劳等方面的发展，从小对孩子进行习惯的培养，将会更好地达到养成效果。张爱玲说："成名要趁早。"在这里，我们也应该倡导"习惯培养要趁早"。记得著名教育专家安文铸教授在他的"让孩子在快乐中健康成长、成才、成人"讲座中举了这么一个例子：1978年，75位诺贝尔奖获得者在巴黎聚会。人们对于诺贝尔奖获得者非常崇敬，有个记者问其中一位："在您的一生里，您认为最重要的东西是在哪所大学、哪个实验室里学到的呢？"

这位白发苍苍的诺贝尔奖获得者平静地回答："是在幼儿园。"

记者感到非常惊奇，又问道："为什么是在幼儿园呢？您认为您在幼儿园里学到了什么呢？"

诺贝尔奖获得者微笑着回答："在幼儿园里，我学会了很多很多。比如，把自己的东西分一半给小伙伴们；不是自己的东西不要拿；东西要放整齐；饭前要洗手；午饭后要休息；做了错事要表示歉意；学习要多思考，要仔细观察大自然。我认为，我学到的全部东西就是这些。"

由此可见，小时候的好习惯养成对于未来的成功是多么重要啊。处于学前期的孩子心理、身体都是不成熟的，可塑性极强，若在此时给予适当的好习惯培养，那么孩子的各个方面都会得到很大的提高，为未来的人生发展打下坚实的基础。

$$\textbf{习惯} \xleftrightarrow[\text{优化}]{\text{促进}} \textbf{教育}$$

当然，习惯养成并不是一个单独的个体机制，它是多维层面共同作用的产物，即还需要家庭、学校、社会的正确指导，只有在这种"三维一体"的环境模式下成长起来的孩子，才会成为一个品行优秀的人。

一朵花里蕴藏着一种芬芳，一粒种子里饱含着一种希望，一滴水珠里闪烁着一座天堂，一个习惯里则孕育着一种成功。请不要犹疑，不要彷徨，从现在开始，让好习惯陪伴左右，走上美丽人生的新征途吧。

培养学生的 **20**种 好习惯

目 录

第一部分 ■ **品质/001**

（一）培养孩子有爱的习惯/001

（二）培养孩子诚信的习惯/014

（三）培养孩子有担当的习惯/024

（四）培养孩子自信的习惯/038

（五）培养孩子尊重的习惯/048

第二部分 ■ **生活/061**

（一）培养孩子自我管理的习惯/061

（二）培养孩子积极乐观的心态/073

（三）培养孩子追求美丽的习惯/081

（四）培养孩子自我调节情绪的习惯/093

（五）培养孩子的理财意识/100

第三部分 ■ **学习/112**

（一）培养孩子主动学习的习惯/112

（二）培养孩子多思善问的习惯/123

（三）培养孩子爱读书的习惯/133

（四）培养孩子学以致用的习惯/144

（五）培养孩子劳逸结合的习惯/152

第四部分 ■ **事 业/163**

（一）培养孩子开拓创新的习惯/163

（二）培养孩子良好交往能力的习惯/176

（三）培养孩子果断勇敢的习惯/188

（四）培养孩子善于反思的习惯/199

（五）培养孩子制订战略的习惯/208

第一部分　品质

（一）培养孩子有爱的习惯

⏰ 阶段一：认识

爱是美德的种子

　　传说，女娲初造人时，人是没有心的。于是，华夏大地上到处充满了杀戮、战乱和暴动，后来，女娲为了消除这种惨状，大施神法，在每个人身体的左上部分种下了一颗爱的种子，种子长大成熟后，便成了"心"，一颗神奇的有爱的心。从此，人类过上了安居乐业的生活。

　　固然，神话毕竟只是神话，大多数只能作为历史的过客，匆匆间惊鸿一瞥后便雁过无痕。但若其能在五千年历史的淬炼中依旧保持鲜活，为后来者们津津乐道，并于一国瑰丽的文化精髓中独占一地，则往往意味着这样的传说不仅仅只具有斑斓的色彩，更蕴含着一种强大的精神力量或是美好憧憬。我们要相信老祖宗遗留下来的精神财富。掀开神秘的面纱，我们可以看到这样一幅画面：因为有爱，人类互帮互助，共建家园，在炊烟袅袅、男耕女织的日子里过着舒适安宁的幸福生活。

　　真理永远如此简单。这就好比欧美人精心炮制的好莱坞大片一样，在不同的时空背景下永远诉说着一个恒久的话题：关乎爱，关乎坚强，关乎情谊。

启迪并深深影响着年轻一代的人们：爱是一切美德的根源。因为有爱，人才会变得善良；因为有爱，人才会懂得感恩；因为有爱，人才能学会宽容；因为有爱，人才会相互理解，相互帮助……正如席勒所言："爱能使伟大的灵魂变得更伟大。"

倘若你愿作那满室幽香的兰花，那么请在心中种下爱的种子吧！

社会需要，有爱才有家

林语堂先生说过："中华民族盖老于世故，他们的生活，没有夸妄，不像基督徒自称'为牺牲而生存'，也不像一般西方预言家之找求乌托邦，他们只想安宁于这个现世的生命……"现世安稳，岁月静好亦不过如此。国人好和平，自孔老夫子提倡"仁爱治天下"以来，华夏56个民族因爱而成一家，在铁炮入侵、洋枪肆掠之时，并肩作战，用血与泪写下了一部壮烈的英雄史诗，用爱共同创建了一个多元文化的大国。

爱在五千年文化的传承中经久不息。放眼当下，它依旧具有重要的现实意义。再现文明遗址，保护名人故里，重修模范雕塑，是对历史的爱；创建慈善基金，倡导公益事业，关心老弱病残，是对社会的爱；每逢过年过节，无论多累多忙，都会赶赴家乡，合家团圆，这是对家人的爱……

我们不仅要爱国、爱人、爱家、爱文化，还要爱艺术，爱田园，爱山川，爱自然界中的一切万物生灵。只有这样，家才会永远存在。

爱让学生更加可爱

孩子是国家未来的工程师，每一代孩子的成长都需要我们付出极大的心血，在当今冷机器大行其道的时代，我们需要用爱去融解各种冷漠、疏离、骄纵，教会他们时刻心存爱念：为爷爷奶奶揉揉肩，捏捏背；为爸爸妈妈端杯热茶，道声"您辛苦"了；搀扶行动不便的老人过马路；关心同学，友爱他人；呵护一花一草，善待一鸟一兽……因为有爱，孩子才会变得懂事、体贴、有礼貌，才能有如向日葵一般，不会因狂风骤雨而改变对太阳的方向。

爱是孩子成长的力量，爱让孩子纯洁的心灵盛满阳光，滋养出各种美丽的花朵，爱更让孩子在塑造完美人格、提升个人修养的道路上变得更加可爱。

爱能让学生积极面对生活

孩子的心是稚嫩的，犹如娇嫩的花朵，需要阳光沐浴；犹如破土的小草，需要雨露滋润；犹如刚出世的雏鸟，需要细心养育。因而我们要用爱来呵护脆弱的心，用爱来指引生活的美好。

一个孩子若心中有爱，懂得关心他人疾苦，关爱生命，善待一切，那么，无论未来的路多么艰险，多么坎坷，他都能积极面对，勇敢度过，将晦涩的日子照亮，以坚定的姿态继续走下去。

相信很多人都还记得，那个《假如给我三天光明》的盲哑女孩海伦·凯勒，那个用天籁般的琴声打动无数人心灵的贝多芬，那个身残志坚却依旧为人类科学做出卓越贡献的史蒂芬·霍金。他们，都是在逆境中挣扎的折翼天使，现实的残酷并没有让他们屈服，反而坚强地为世人谱写下了一页页华丽的篇章。是什么让他们有了继续走下去的勇气？是的，那就是爱，他们用自身的奇迹向我们大声宣告：因为我还爱着这个世界，所以我会勇敢地活下去。

爱能让学生善于发现美

一个心中有爱的孩子，心思必定细于常人，对生活有着无限的热情与向往，对自然有着无穷的好奇与眷念，时刻渴望在大千世界里自由探索。你看那些古时的文人骚客们，无论得意或惆怅之时，总爱三人一行，五人成群地在深山亭阁之中举办"party"，一边听着小曲，一边品着美酒，一边赏着风景。然后突然间灵光乍现，击节而歌，于是乎，一篇篇脍炙人口的山水田园诗就这么诞生了。姑且不论这些人的文学功底有多么的深厚才写出了这么好的诗，你只细细看那诗歌中的字字句句，无一不透露着他们对万物生灵浓浓的爱意，从爱的角度发现了一番独特的美，如写春之景时道"竹外桃花三两枝，春江水暖鸭先知"；绘雪之景时道"旋扑珠帘过粉墙，轻于柳絮重于霜"等等。这不仅仅是用字在写景，更是用爱在抒情。

这爱，让他们发现自然之美。正如某位作家所言：看山，山有情；看水，水有意；入眼的景观，风丝柳片，草木花卉，枝枝叶叶总关情；鸟鸣深谷，羽翼声来，片片声声总动弦；细雨微扬，雨后初霁，丝丝线线总撩人。

第一部分 品质

这爱也让他们发现人性之美，超越痛苦，穿过忧伤，摒弃仇恨，只有真实、善良和美丽与之相伴。

是的，在爱的国度里，美无处不在。

✏ 爱能教会孩子处世之道

人们常说，一个人，只有先立人，其次才能立世，此话不假。处世之基在于人。心中常有爱的孩子，必定能做到"己所不欲，勿施于人"；心中常有爱的孩子，必定能做到"老吾老以及人之老，幼吾幼以及人之幼"；心中有爱的孩子，必定能换位思考，获得对方谅解；心中有爱的孩子，必定能协调好学习生活中的各种问题，妥善处理各种矛盾，与人为善。能将爱作为处世之道的孩子更能获得家人的关心，老师的赞赏，同学的尊重，社会的认可，在未来的岁月里为自己的理想和抱负打下坚实的基础。

爱，实乃立身立世之本。

⏰ 阶段二：培养

✏ 从爱自己开始

郑明德先生在《一切从爱自己开始》的译序里感慨而言：

爱自己，就是爱绚烂的太阳、茂绿的树木和四季的变化。

爱自己，就是爱每天的三餐，清风和气，爱雪、爱雨。

爱自己，就是爱自己的生命和他人生存的方式。

爱自己，会出现在不知不觉中为路人祈愿幸福的时候。

爱自己，就是爱家人、恋人和朋友。

爱自己，就是懂得人间处处充满爱的道理。

正如尼娜·拉里什·海德尔在她的著作爱《爱自己》里向世人传递的道理一样：如果我们爱自己，自然也会爱别人。关于这一点，我们的老祖宗也为后世留下了许多宝贵的借鉴经验。

管仲借故生病，齐桓公去看望他，问他道："您生病了，还有什么话指教我吗？"管仲回答说："希望君主疏远易牙、竖刁、卫公子启方。"

齐桓公说："易牙把他的儿子都烹了，以让我尝尝人肉的味道，难道还可以怀疑吗？"

管仲说："一个人没有不爱自己孩子的，这是人之常情。易牙连他的儿子都不爱，又怎么能爱大王呢？"

齐桓公又说："竖刁自己阉割了自己，以来侍奉我，难道还可以怀疑吗？"

管仲答道："一个人没有不爱惜自己身体的，这是人之常情。竖刁连自己的身体都不爱惜，又怎么能爱惜大王呢？"

齐桓公又说："卫公子启方服侍我已经有十五年了，他父亲死的时候他都不愿意回去哭丧，难道还可以怀疑吗？"

管仲说："人之常情，没有不爱自己父亲的，他连他的父亲都不爱，还能爱大王吗？"

——摘自《史记·卷三十二·齐太公世家》

由此可见，古人在对待"爱"这个事上便有了一个非常清楚的认识：如果一个人连自己都不爱，又怎么会爱他人呢？而本文中故事的结局恰好深刻地印证这一观点。齐桓公因没有听从管仲的忠告，最后落了个被关在房中，尸体发臭，无人过问的可悲下场。

可是，随着当下社会的发展，"爱自己"渐渐沦为丑陋的化身，常常与自私、冷漠等贬义词挂钩，不得不说，这实在是对"爱"的扭曲。我们不应该带着有色眼光去看待它，不应该用世俗的观点为它贴上"不道德"的标签，因为自爱是一种成熟的表现，特别是对这个浮躁的世界而言。

某军队开展过一项研究：成功者是如何取得成功的？他们从军队各个不同部门选出 12 个这样的人，把他们集中在一起进行测试。他们年龄约三四十岁，有男有女，但都取得了令人瞩目的成功，在同龄人中首先得到提拔。他们似乎也很普通。已经成家的人都有幸福的家庭生活，子女在学校表现很好，适应学校生活。这些人似乎都能点石成金，无往不胜。

　　研究人员对他们进行了各种形式的测试，有时候是作为一组，有时候是单独的个人。其中一项测试，是要求在一张纸上按优先顺序，写下他们认为生活中最重要的三件东西。

　　测试中，有两个现象引起了研究人员的注意。一是他们对待这项测试的认真态度。第一个交卷的人花了四十多分钟，许多人则花了一个多小时。尽管看到同组的多数人都已交卷，有些人仍很认真地、一丝不苟地做完了问卷。另一个值得注意的现象是，在每个人的答卷上，虽然排在第二和第三的选项各不相同，但所有12个人的第一个选项都不约而同地完全一致："我自己"。不是"爱情"，不是"上帝"，也不是"我的家庭"，而是"我自己"。

　　也许很多人会对于这样的答案表示不解，但我认为这实质是一种最理性的回答，意味着他们已经开始读懂人生，有了成熟的思考。这是一种对生命的尊重。一个人如果不爱自己，就不可能爱别人。

　　对于成长中的孩子来说，爱自己至关重要。我们应该如何培养他们呢？其实很简单：

　　教导他们每天早上起床后，清扫整理自己的房间，保持干净清爽；

　　教导他们要注重身体的健康，每天保持一定的运动量；

　　教导他们要多吃绿叶蔬菜，少吃油炸类零食；

　　教导他们要经常保持心情的愉悦；

　　教导他们要学会倾听自己的内心；

　　教导他们要珍惜自己所拥有的一切。

　　那么，当孩子的心被自己所满足时，爱就会从内心扩散开来，去帮助那些需要爱的人。

　　　　当你加倍爱自己的时候，就会激发出一系列新的个性特征：自信、自尊、快乐、生动、开朗、大方，而这一切都将有助于你改善目前的处境，会使你得到更多的爱。

　　　　　　　　　　　　　　——摘自《遇见未知的自己》第二十章

基督教的圣餐仪式有这样一套程序：仪式开始前，信徒要先对神父忏悔，然后神父会告诉信徒需要做好几天斋戒的准备。接受圣餐前，虔诚的信徒进入教堂，划十字，向圣像鞠躬，唱诗，最后由神父将圣餐送到信徒嘴里。从某个方面看，基督教似乎是一个宗教色彩非常浓厚的教会，但我们要知道，这实质上是唤醒人"重生"的一种仪式，与过去的一切罪孽告别，重新开始崭新的人生，用纯朴和友善点亮世界。当我们开始意识到自己还不够完美时，我们就需要这种"告别仪式"，来不断突破和完善自己。多爱自己一点，我们就会拥有更强大的力量去帮助他人。

温馨贴士：

　　让我们学会爱自己，学会爱身边的人，学会爱这个世界！

　　有三个孩子在树林里玩耍，都不小心让树枝刮破了裤子，面对裤腿上的破洞和孩子惊恐不安的脸，三个母亲用三种不同的态度来处理这件事情。

　　第一个母亲抬手就甩给孩子一个巴掌，并给一顿训斥，然后，用一根线绳像系麻袋一样把那个破洞扎紧，整条裤腿因此显得皱皱巴巴。破洞是没有了，取而代之的那个结却像孩子噘起的小嘴，孩子也因此受到严厉的警告："今后再也不准到树林里玩去了。"

　　第二个母亲不打也不骂，默默地把那个破洞一针一线地缝补好，裤子上留下了针线的痕迹。

　　第三个母亲面对孩子裤子上的破洞，还安慰孩子："不要紧，哪个孩子不贪玩？你奶奶说你爸爸小的时候比你还顽皮呢。"她把孩子的裤子脱下来，用彩线在破洞上绣了朵漂亮的小红花，好像原来那里就有一朵小红花，孩子笑得好开心。

　　同样的问题，因为用了三种不同的解决方法，就导致了不同的结果：第一个母亲让孩子感到恐惧和失望，那皱巴巴的裤腿就如同她脸上写满的愤怒，孩子不得不活在母亲强烈的意愿中；第二个母亲平平常常，孩子得到的是一

第一部分　品质

个顺其自然的生活环境；第三个母亲是最优秀的教育家，她用裤子上的花朵启发了孩子的美好想象，她脸上灿若朝阳的微笑给了孩子更多的宽容。

——摘自《男孩来自火星，女孩来自金星》上篇第三章《三个母亲的三种家教方法》

让孩子在充满自信并富有创造力的同时感受到浓浓的爱意，他在未来的生活中也能以这样爱的方式来帮助他人。

正如台湾著名学者傅佩荣说的：良好的家庭氛围是孩子健康快乐成长的基础，更是孩子良好品质、完美性格形成并茁壮发展的沃土。由此可见，无论从时间上，还是效果上看，对孩子影响最直接、最深刻、最持久的是家庭环境。但孩子的成长是全方位的，除了要给予家庭的爱，还应努力营造学校及社会爱的氛围，将爱普及。

许多年前，有一个叫约翰·霍普金的教授给他教的毕业生布置了这样的作业：去贫民窟，找200个年龄在12岁到16岁之间的男孩，调查他们的家庭背景和成长环境，然后预测出他们的未来。

那些孩子运用社会统计学的知识，设计了问题，跟男孩们进行了交谈，分析了各种数据，最后得出结论：那些男孩有90%的人将有一段在监狱服刑的经历。

25年后，教授给另一批学生也布置了一个作业：检验25年前的预测是否正确。学生们又来到贫民窟。以前的男孩，都已经长大成人，有的还在那里住着，有的搬走了，还有的去世了。但最终，学生们还是与原来的200个男孩中的180个取得了联系。他们发现其中只有4人曾经进过监狱，其余的大多数人都成为了一个有良好品质的人。为什么那些男孩在犯罪多发的地方却又有这么好的成长记录呢？研究人员感到很纳闷也很吃惊，后来他们被告知：有一个老师当年教过那些孩子……

通过进一步调查，他们发现75%的孩子都是一个妇女教过的。研究人员在一个"退休教师之家"找到了那个妇女。

究竟那个妇女是怎样把良好的影响带给那些孩子的？为什么这么多年过去了，那些孩子还记得那个妇女？研究人员迫切地想知道这些问题的答案。

"不知道，"妇女说，"我真的回答不了你们。"她回想起多年前和孩子在一起的情景，脸上浮起了笑容，自言自语地说："我只是很爱那些孩子……"

——摘自《名刊卷首语精选》《爱是最好的老师》

这不由得让我想起几年前那位轰动全美的小学教师雷夫·艾思奎斯，在那个以贫穷和暴力而闻名的丛林小学，很多人都非常惊讶他在那样糟糕的环境下创造出的种种奇迹，他所带的五年级学生在美国标准考试（AST）中成绩一直位居前5%—10%的位置，更令人不可思议的是，第56号教室的孩子们自愿每天早晨六点半到校，一直呆到下午五六点才回家。于是各种议论蜂拥而至，有人说是因为雷夫老师自己过人的才能，还有人说是因为学生本身的努力，这些我都不予否认，但当我读完《成功无捷径》这本书，我在这个小天地里感受最深的并不是各种独特的教学方法，而是雷夫老师对孩子们极大的热情与爱心。他宁愿放弃宝贵的休息时间也要为孩子们多做辅导；他宁愿省吃俭用也要为了能攒足够多的钱和孩子们一起去旅行；他宁愿冒着被上级指责甚至有可能被辞退的风险也要实行一套真正适合孩子的教学方法……在这个教室里，没有纷争，没有吵闹，有的只是学习的乐趣和温馨的氛围。这，是一个有爱的集体，是爱成就了孩子们的奇迹。

温馨贴士：

在爱的普照下成长起来的孩子，心间开出的花也是有爱的！

学会与人分享

分享是一种美德，更是一种快乐。萧伯纳曾经说过："你有一个苹果，我有一个苹果，彼此交换，每个人只有一个苹果。你有一种思想，我有一种思想，彼此交换，每个人就有了两种思想。"一个人，若是能够学会与人分享，那么他就会获得真正的快乐，因为他分享的是一份爱。

如果有人问你："橘子为什么会长成一瓣一瓣的呢？"你也许会回答说：

第一部分 品质

"因为它就是橘子,因为这是大自然的杰作。"当然,这种回答正确得无可挑剔。但是,当你听完下面的故事后,你一定会有一些新的感悟。

一个春天的下午,太阳暖洋洋地照着。在街心花园里,有这么一对母女:小姑娘可能四五岁,穿着一身鹅黄色的衣裙,头上戴着一个大大的蝴蝶结,正跌跌撞撞地跑来跑去,兴奋快乐地追逐低飞的花蝶;年轻的母亲则静静地坐在旁边的长椅上,微笑着注视着女儿的一举一动……

渐渐地,小女孩头上的蝴蝶结有些松动了,苹果般红扑扑的脸蛋上沁出了细细的汗珠。细心的妈妈看到了,心疼地叫道:"囡囡,快过来,让妈妈帮你系系蝴蝶结。"

为女儿重新系好蝴蝶结后,妈妈又轻巧地把一个剥开的橘子放到她的手掌上,"先吃完这个橘子,然后再玩吧"。

小姑娘没有马上吃,而是把这个橘子捧在手心里举起来,对着阳光,眯起眼睛来仔细看。突然,她好奇地问妈妈:"为什么橘子是一瓣一瓣的呢?"

妈妈愣了一下,想了想,就笑着说:"你再好好听听,这个橘子不是正告诉你,'我长成这个样子,就是希望你能和大家一起来分享我,而不是一个人自己吃哦'!"

小姑娘似懂非懂地点了点头,然后又捧起橘子细细观看。很快,她就从上面掰下一瓣,踮起脚塞进妈妈的嘴里。然后,又高举着那个橘子,向着坐在不远处的一对老夫妇跑去……

——摘自《男孩来自火星,女孩来自金星》下篇第六章《分享是一种美德》

故事中的妈妈是一个非常有智慧的人,她十分巧妙地利用橘子为女儿上了一节有爱的课程,而通往爱的国度的阶梯就是分享!

分享,不仅要学会物质分享,还要学会心灵分享,把那些开心的、高兴的事拿出来分享,可以再次获得"被满足感";把那些悲伤的、难过的事拿出来分享,可以获得安慰与鼓励,再次拥抱阳光。其实,从通俗意义上讲,这也是一种"排泄"的方法,将不好的、阴暗的东西从心中剔除,然后重新种上有爱的种子,面朝大海,春暖花开。看看那些时下流行的综艺节目,譬如《幸福魔方》、《下一站幸福》、《真情关注》、《心理访谈》、《谁在说》,甚至包括现今大红大紫的《壹周立波秀》，虽说节目编制各有千秋，但从某种程度上来说，他们无一不例外都可以用这样一个方程式来诠释——"分享＋心灵解析＋引人深思≥爱"。归根到底，不管分享的故事是好是坏，不管最后的结局是和是离，他们都有着一个非常明确的终极目标：人人有爱。

虽然我们总在提倡要关心孩子，呵护他们的成长，但许多父母却把这样的关心演变成了过度溺爱；结果导致孩子产生"自我中心"心理，在家俨然如"小公主"、"小皇帝"，这样的孩子不会关心父母，不会关心他人，更不会关心社会，令人堪忧。

为了不让孩子的爱心枯竭、泯灭，父母不仅要爱孩子，更重要的是让孩子学会爱。千万不要只知一味地给予孩子爱，这种爱恰恰是对孩子没有好处的。"溺爱是父母与孩子关系上最可悲的事，用这种爱培养出来的儿童不肯把心灵闲一点儿给别人。"这是一位教育家的经验之谈。因此，父母在爱孩子的时候，应该教孩子学会与人分享。

与别人分享好吃好玩的东西，对别人说一些关心体贴的话，同情并帮助有困难的人，不计较别人的过错，对别人能够宽容和谦让，孩子的爱心就是通过这么一次次的锻炼和强化而逐渐形成的。

温馨贴士：

分享是通向爱的阶梯。

生活中我们常犯一个错误，经常用一副理所当然的态度去面对很多的人、事、物，包括自己的家人。父母节衣缩食，孩子大手大脚花费理所当然；父母辛苦劳作，孩子怡然自得，理所当然……其实一切的理所当然，会让孩子失去一颗感恩的心，会让孩子失去爱的能力。

人们都说，母亲是最无私的，不要求孩子回报。我觉得，对于今天的独生子女，母亲应该要求回报，并教会孩子怎样去回报自己的妈妈和家人，怎样去回报别人。

第一部分 品质

美国得克萨州有一条法律：凡年满14岁的孩子，必须身体力行为父母分担家务，诸如洗碗、擦地、剪草坪等。

在一个星期天的晚上，聪明的迈克给妈妈写下了一份账单：

迈克帮妈妈到超级市场买食品，妈妈应付5美元；迈克自己起床叠被，妈妈应付2美元；迈克擦地板，妈妈应付3美元；迈克是一个听话的好孩子，妈妈应付10美元。

合计：20美元。

迈克写完后，把纸条贴在餐桌上，便上床睡觉去了。忙得满头大汗的妈妈看到这张纸条后，宽容地笑了笑，随手在上面添了几行字，放到迈克的枕边。

醒来的迈克，看到了这样一张账单：

妈妈含辛茹苦地将迈克怀了10个月，迈克应付0美元；妈妈教迈克走路、说话，迈克应付0美元；妈妈每天为迈克做好吃的食物，迈克应付0美元；妈妈每个周末陪迈克去儿童乐园，迈克应付0美元；妈妈每天为迈克祈祷，希望他成为天使般可爱的小男孩，迈克应付0美元。

合计：0美元。

这张纸条，至今仍被迈克珍藏着。它告诉迈克，真正的爱是无法计量的。

——摘自《男孩来自火星，女孩来自金星》上篇第五章《感恩：有爱就会有一切》

我相信小迈克在未来的人生道路上一定会常怀感恩之心，感恩父母，感恩他人，感恩社会。同时，这则故事告诉我们，父母不仅要让孩子感受到亲人对他们的关心，对他们的爱护，而且也要一点一滴地教会他们用爱去回报别人。

感恩是力量之源，爱心之根。有感恩之心的孩子必是心中有爱的孩子。因为爱就是给予，爱就是富足，爱就是宽广，爱就是一切。

2011年度"感动中国"候选人中有这么一位"老学生"，虽然自己家境并不富裕，但为了感恩，他仍然坚持28年如一日地照顾着自己的老师，这个让人肃然起敬的老人就是宋金萍。

宋金萍，男，69岁，北京市退休教师。

宋金萍13岁时在北京王府井八面槽上小学，钟炳堃是他六年级的班主任。当时钟炳堃仍单身，学生成了她的孩子，她也给了从小就失去母亲的宋金萍无限的母爱。宋金萍在北京体育学院读书时，钟老师常去看他，把平时积攒的22元钱和一些零零碎碎的粮票给了宋金萍。帮助宋金萍度过了人生最困难的阶段。工作后的宋金萍在一所学校当老师，他常去看望钟老师，为钟老师买好生活用品。在钟炳堃70岁时，宋金萍担心自己不能每天去看老师，他和妻子商量，将老师接回了家。就这样，钟炳堃老人住进了宋金萍家中。年迈的钟炳堃，感受到了久违的家的温暖，人也开朗起来。2001年，钟炳堃老人双目失明，大部分时候只能躺在床上生活。宋金萍悉心地照料着老师，虽然已是99岁高龄，但老师身体非常健康，血糖、血压等各项指标都很正常。

春去秋来28载，钟老师已是孩子的奶奶，宋金萍的"母亲"。有了这位"母亲"，宋金萍除了买菜要出趟门，大部分时间就在家看书，陪伴老人。

——摘自无忧无虑中学语文网 2011年度"感动中国"候选人物事迹

"感恩"二字在宋金萍身上闪现着熠熠光芒，他，用自己的实际行动向世人生动地诠释了爱的真谛，为那些身陷在自私、冷漠泥潭中的人们点亮了一支爱的火炬，引导着他们常怀感恩之心。

温馨贴士：

常怀感恩之心，爱就会与我们相伴一生。

第一部分 品质

（二）培养孩子诚信的习惯

阶段一：认识

时代在召唤

中国人讲诚信，可谓是历史悠久。坐上时光机，自由穿梭于秦房汉宫清銮殿，哪一代不是隆重地倡导着礼仪教化，无论达官显贵抑或黎民百姓，每一个人都在"仁义礼智信"的世界里谨守着自己为人处世的一亩三分地。"信"作为历史的产物，道德的结晶，在这漫长的悠悠岁月里，充分肩担着心灵守望者的职责。然而，"永恒"这个词对我们来说，太过奢侈。当我们满怀希冀地从曾子杀猪、韩信赠金的故事中凝聚出美丽的诚信泡泡时，新时代的浪潮却残忍地将他们一一击碎，"染色馒头"、"注水猪肉"、"致癌牛奶"、"罐头苍蝇"，甚至一直延续今日的拖欠工款事件，让我们开始质疑、猜测这个社会的真实性。诚信已作为一个危及个人幸福与尊严的违规信用卡被起诉于各大公众群体，传统道德已不再成为其可以依托的庇护所了。由此，我们不得不感慨"时代真的变了"。

所幸，这个世上，我们还有一些依旧坚守诚信阵地的同志们，他们充分利用各种新闻、报刊、图片、文字、影视等渠道，大胆地将躲在阴暗角落的欺诈谎言一一揭露，为我们呈现出虚假外表下的真实面貌。于是，越来越多的人开始觉悟、开始惊醒、开始高呼："吾辈之精魂不可亡！时代之发展仍需回归诚信！"

诚信教会学生自我认识

生活中，我们常常会听到这样的话：

（1）"以后多多联系"

明明是久未联系，却因某次聚会而恰巧碰到一起的小学或中学同学，临别之际，通常会套用这么一句标准的话别语，也不知转眼过后又能记住对方眉眼几分。

（2）"哇塞，你越来越漂亮了啊"

这句寒暄语录手册中的必需句已日渐成为了女性交际场上的绿色通行证。女性爱美，喜听夸赞，这是众所周知的事，所以，不管对方容貌几何，说这一句总是靠谱的。

（3）"没事 / 没关系的"

假设某一天，当你本来心情大好地坐在露天咖啡馆享受小资情调时，却突然很不幸地被外界打断，譬如，"泼墨门"事件，这时，你会怎么做（注意，是公众场合）？气急败坏，朝对方大喷口水？NO，我想绝大多数人的答案肯定是否定的，不仅不会横眉冷对，反而还会嫣然一笑，唇起 30° 美丽弧线，轻吐一句"没事 / 没关系"，尽管自己此时内心的愤怒早已快憋成内伤了，但还是要顾及最基本的礼仪形象。

....

诸如此类的例子不胜枚举，由此，我们不得不对在这种环境下成长的孩子感到担忧，正如少年作家蒋方舟痛心疾首书道："撒谎是中国父母的天职，粉饰世界为孩子维系一个无菌环境。"而这样的无菌环境恰恰是虚假的温床，让孩子宁愿沉浸在美丽的童话世界里而不愿回到现实。所以，对正处于认知阶段的孩子来说，诚信至关重要，特别是对自己内心的诚信。当某一刻，你发现自己其实还存在许多缺点与不足需要完善时，那么恭喜你，你已经迈进了"自知"的大门，成功的地平线也由此开始延展。

那么，在此，我希望更多的青少年朋友们能够心携诚信，找准自己奋斗的轨道！

第一部分　品质

诚信教会孩子交友处

生活在这个庞大群居社会的我们，从出生到老去，从来都不是孤单一人，除了与自己血脉相连的家人外，还有一类人，他们心里装载了你的过去，希望着你的将来，永远都会默默陪伴在你身边，不离不弃。这类人，我们通常定义为"朋友"。关于"朋友"一词，《男人帮》里就有这么一段生动的阐释："朋友，我们从最小的时候就需要伙伴，这些伙伴陪你成长，陪你欢笑，陪你哭泣，陪你度过痛并快乐的一生。有的女人说，宁可换男朋友，也不换闺蜜，因为那是你感情最空缺的时候，陪着你的人，也是你有新感情的时候，指手画脚的人。"的确，朋友对每一个人而言都非常重要，当我们历经小学、初中、高中，遇到的人不计其数，但真正能在你生命中留下痕迹，被你视作朋友的人又有多少呢？也许，有很多人会说，这个世界的风景太过迷离，太过缥缈，我们渴望彼此贴近，却又不得不在一次次的靠近中相互试探、相互猜忌，真正的友谊似乎离我们很远很远。可是，亲爱的孩子们，我想说的是，在友情的国度里，能采摘到真正友谊之花靠的是"诚信"。

若你想拥有一些能将喜悦与悲伤交付的朋友，那么首先请坦诚相对。友情需要用心经营，需要相互理解。同样，以诚处世，以诚待他人，也是一种大智若愚的生活智慧。因为这个社会从不缺聪明人，能经得起事实和历史考验的往往是那些心怀"诚信"的老实人。

⏰ 阶段二：培养

✏️ 对待孩子要平等

中国人的"家长权威制"思想太深太重，从我们的老祖宗创立封建专制国家那会起就一直风风火火地盛行了亿万个日日夜夜，古老国家的这种政治体系在每一个普通中国家庭也得到了充分演绎，让我们看到了一幕幕"子从父，父独大"的无奈场景，于是我们只能对着梁山伯与祝英台的悲伤恋歌唏嘘不已，却又无力改变。时至今日，"民主与平等"的浪潮也无法将国人从这副枷锁中真正解放出来，而"家长权威制"也逐渐成了中国的一种特色文化，深深扎根于时代的地基中。所以，在这种不平等氛围中长大的我们也习惯了将父母的一言一行作为衡量自己成长的方向标。尽管这是一种有效的成长方式，但我们不得不说，大多数的中国父母并没有从自身去约束自己，做好榜样来教育孩子，在他们眼中，孩子永远只是孩子，有些事即使自己做错或说错了，孩子也不会明白，殊不知，这样的行为会烙印在孩子心上，成为错误的成长参照。

我曾经在报纸上看到过这样一则报道，有个17岁的孩子因为偷盗罪而被捕入狱，事后，有一个教育访谈的记者采访他问他为什么要去偷东西时，那个孩子说了这样一个故事：小时候，有一天妈妈和自己等公交车回家时，因为没有带零钱，当时人又多，司机也没看见，所以妈妈没有投币赶紧拉着自己上车了。虽然当时我还小，但这件事对我影响还是挺大的，原来有些东西可以不用自己花钱也能得到，于是，随着年龄的增长，我就养成了偷盗的习惯……听完这个故事，在场的每一个人都沉默了，原本一个应该在学校接受教育的孩子却因妈妈一次不诚信的行为而走上了犯罪之路，着实令我们深思，令我们哀痛。相比之下，下面的这位美国妈妈的教育方式的确值得我们借鉴学习。

一位美国妈妈，应邀到中国山东的一户人家做客，她带着一个8岁的女儿。女主人很会做饭，有一天她说："今天我做西餐给你们吃，你们尝尝中国人做的西餐好不好吃。"

那个8岁的女孩想，中国人做西餐肯定不好吃，就说她不吃。后来女主人做好了西餐，把冰淇淋端上来的时候，这个美国女孩眼睛都亮起来了，这么好看哪，一看就知道好吃。她说："妈妈，我要吃冰淇淋。"

中国妈妈是按份做的，刚好没有做小女孩那一份。于是，她说："这样吧，你吃我这份。"没想到美国女孩的妈妈说："NO，我的女儿她今天说过了不吃冰淇淋。"小女孩哭得一把鼻涕一把泪，但她妈妈就是不让吃。中国妈妈说："给她吃吧，孩子嘛，说话不算话，给她吃。"美国妈妈坚决不让她吃，一点余地都没有。

——摘自《男孩来自火星，女孩来自金星》

第一部分 品质

从这起冰淇淋事件中，我们看到了中国和美国家庭教育的差异。中国妈妈认为小孩子说出的话可以不算数，而美国妈妈坚持即便是孩子也要对自己说出的话负责，所以，从小在父母的纵容宠爱下长大的中国孩子在"信"的认识方面存在很大的缺陷。相反，美国父母在教育孩子方面则是非常成人化的，孩子也是家里的重要成员，无论发生什么事情，都会与孩子商量讨论，而孩子此时也会产生一种平等的主人翁意识，从各方面注意自己的言行举止。正如文中那个美国小女孩一样，最后终于意识到自己做错了而没有吃冰淇淋。

在此，我们可以说，父母对孩子言而无信，最本质的原因是父母把孩子当作了自己的附属品，没把孩子当成独立的人，因而也没有把对孩子的承诺当成承诺，没有理解父母与孩子之间的关系应该是人与人之间的平等关系。

所以，教育孩子诚信最基本的前提是淡化"家长权威"的观念，与孩子平等相处。

温馨贴士：

父母应把自己摆在与孩子平等的天平上。

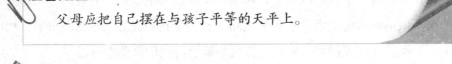

杜绝谎言，最佳政策是不追究

近期，有专家调查研究发现：在全国100多所中小学将近30万的孩子中，大约有75%的孩子承认喜欢说谎，20%的孩子偶尔说谎，而仅有5%的孩子不说谎。这项调查数据让身为教育工作者的我们心痛并疑惑了，在教育环境越来越好、教育思想越来越成熟的今天，为什么还有这么多的孩子喜欢说谎话呢？于是，在接下来的一系列的跟踪调查中，我们终于找到了问题的根源，原来很多的家长或老师在孩子犯错的时候只知道一味的苛责，而不愿与他们心灵互动，久而久之，孩子就"被迫"不允许说出真相了。

正如美国著名儿童心理学家基·诺特分析儿童说谎的原因说："说谎是儿童因为害怕说实话会挨骂，而寻求的一个避难所。"这话是很有道理的。

孩子一方面被教导"不要说谎"，另一方面却又会因说实话而受责备。这种矛盾是造成孩子为自卫而说谎的主要原因。所以，我们也可以说，在通常情况下，是大人给孩子造成了不得不说谎的局面。因而，杜绝孩子说谎的最佳对策是不追究，让孩子消除说实话的顾虑，而自觉地不去说谎。

乔治·华盛顿被誉为美国国父，他小时候住在弗吉尼亚的一个农场里。父亲教他骑马，带着他到农场上玩耍、干活，以便儿子长大后能学会种田、放牛、养马。

父亲有一个果园，种着各种果树。有一次，父亲从大洋对岸买回一颗品种上佳的樱桃树。他把樱桃树种在果园边上，并告诉农场的所有人严加看护。樱桃树长势很好，春天到来时开满樱花。父亲想到用不了多久就能吃到樱桃，心里十分高兴。

恰好刚刚有人送给小乔治一把明亮的斧头。他用它砍树枝，砍篱笆，见什么砍什么。一天，他来到果园边上，想着自己的斧头的锋利，他举起斧头砍向那颗樱桃树。树皮很软，小乔治没费多大力气就把树砍倒了。接着他又到别的地方去玩了。

傍晚，父亲忙完农事到果园看他的樱桃树。看着心爱的树被砍倒在地，他惊呆了。他问了所有人，但大家都说不知道。父亲生气了，小乔治正好从旁边经过。父亲问："小乔治，你知道是谁把我的樱桃树砍死了吗？"

小乔治很为难，但是很快就恢复了，他说："我不能说谎，爸爸，是我用斧子砍的。"小乔脸色煞白地直视着父亲的眼睛。

"回家去，儿子。"父亲严厉地说道。

小乔治在书房等候父亲，他心里很难过，也非常惭愧，他知道自己干了件傻事，难怪父亲不高兴。

父亲走进书房后，问小乔治："告诉我，儿子，你为什么要砍那棵树？"

"当时我正玩，没想到——"小乔治结结巴巴地说道。

"现在树就要死了，我们永远也不会吃到樱桃了。但比这更糟的是，我嘱咐你要看护好这棵树，你却没有做到。"

小乔治愧疚难当，脸一红，低下头。"对不起，爸爸。"他说。

父亲把手放在儿子的肩头，"看着我，"他说，"失去樱桃树，我当然很难过，但我同时也很高兴，因为你鼓足勇气向我说了实话。我宁愿要一个勇敢诚实

第一部分 品质

的孩子，也不愿拥有一个种满枝叶茂盛的樱桃树的果园。一定要记住这一点，儿子。"

小乔治·华盛顿从未忘记这一点。他一直像小时候那样勇敢，受人尊敬，直到生命结束。

——摘自《男孩来自火星，女孩来自金星》

小乔治的故事让我们深思，不仅因为他勇敢认错，还因为他父亲的教育方式，在樱桃树与孩子之间，他选择了用一颗宽容的心去原谅孩子，从此，为孩子植下了"诚实"的善念。法国作家罗曼·罗兰也说过："人生应当做点错事。做错事，就是长见识。"

孩子的心是稚嫩的，在一路成长的过程中，难免会犯错，作为父母或老师，我们应该给予他们强大的精神支撑，鼓励他们将真话说出，那么诚信终将会伴随孩子一生，收获最美丽的季节。

所以，请普天下的父母、老师记住：犯错是上帝给孩子们的权利，要给孩子改正错误的机会。(摘自《男孩来自火星，女孩来自金星》)

 温馨贴士：
　　父母的宽容、理解是孩子最大的精神支柱。

心理自律法

首先，我给大家讲一个案例：

某心理辅导老师对班上 30 名学生进行了一项实验：午餐时间，每个孩子面前都摆放着一块奶油蛋糕，如果哪位同学想吃时，就抬头看看黑板上写的"我一定能忍住"这几个字，计时一小时。

最后，实验结果相当出人意料，除了极个别孩子以外，大部分孩子都坚持下来了。

后来，这位老师告诉我们："这堂课我并不是想让他们过早地背负生命的沉重，而是想让他们知道'欲望是可以被征服的'。"

是啊，只要你愿意，欲望是可以被征服的，多么深刻的一句话啊。同样，对于那些忍不住想要说谎话的孩子来说，"谎言欲望"也是能被征服的，只要你愿意。

日本著名的企业家吉田忠雄在回顾自己的创业成功经验时说过，为人处事首先要讲求诚实，以诚待人才会赢得别人的信任，离开这一点，一切都成了无根之花，无本之木。

在他创业的初期，他曾经做过一家小电器商行的推销员。开始的时候，他做得并不顺利，很长时间业务并没有什么起色，但他并没有灰心，而是坚持做下去。有一次，他推销出去了一种剃须刀，半个月内同二十几位顾客做成了生意，但是后来突然发现，他所推销的剃须刀比别家店里的同类型产品价格高，这使他深感不安。经过深思熟虑，他决定向这二十家客户说明情况，并主动要求向各家客户退还价款上的差额。他的这种以诚待人的做法深深感动了客户，他们不但没收价款差额，反而主动要求向吉田忠雄订货，并在原有的基础上增添了许多新品种。这使吉田忠雄的业务数额急剧上升，很快得到了公司的奖励，这给他以后自己创办公司打下了良好的基础。

吉田忠雄后来回忆说："刚开始的时候，我的确有调价的打算，可我最终还是克制了这种想法，用诚信成就了今天的我。"

可见，世上本没有真实与谎言之分，只有我们愿不愿意之想。如果你想做一个诚实的孩子，那么请抚摸自己的心，坚定地告诉自己：我一定能战胜谎言。

温馨贴士：

要坚定地，大声地告诉自己：没有什么是不行的。

保持一颗简单的心

人是一种非常奇特的物种，不仅因为我们的大脑能思考，还因为那里装着一种叫"回忆"的东西。我们总爱在长大的某一瞬间回想起曾经的旧时光，回想起那段白衣飘飘的纯真年代，水一般的少年，风一般的歌，梦一般的遐想，从前的你和我……那时的我们是多么的简单，多么的快乐啊，仅仅会因为一句"我们一起玩吧"就成了贴心的好朋友，没有猜忌，没有功利，彼此之间真诚相待。可是，不知从什么时候起，我们开始变得复杂，小心防备着出现在身边的每一个人，用虚假把自己包裹在一个人的城堡里，而当我们把这种转变定义为"成长"时，却有越来越多的人在自己的城堡里悲伤唱着"越长大越孤单"，我们渴望"被爱"，却有着太多的无奈与顾忌，复杂让我们不敢袒露自己的心，即使在面临简单问题的时候也会小心翼翼，如履薄冰。

半个多世纪以前，英国著名数学家罗索就曾经给他的学生出过这道题：1+1=？题目写在黑板上，高才生们面面相觑，却没有一人作答。

他们不敢作答是有道理的，据说，有一家银行招聘会计员，出的就是这道题。所有写出正确答案的应聘者，均不被录用。只有一个人被录用了。原来，他在众人散去后，悄悄附在银行总裁的耳朵旁问："您看应该是多少？"

一个和尚挑水吃，两个和尚抬水吃……遇到这样的情况，1+1该等于几呢？

由此看来，如此简单的问题竟然可以有许多种不同的答案。罗索却跟许多幼儿园的小朋友一样，在等号后面义无反顾地写上了"2"。他说："1+1等于2，这是真理。面对真理，我们有什么犹豫和顾忌的呢？"

——摘自《名刊卷首语》

你看，就是这么简单的一道题，我们很多人却往往因为各种各样的理由和顾忌而无形中为它套上了一道又一道复杂的枷锁，禁锢答案的同时也禁锢了自己的心，不愿意诚实地面对它，以真心换取真理。而这位闻名世界的数学家为我们带来的不仅仅是"1+1=2"这么简单的一个答案，更重要的是他身上那种面对问题、面对生活的诚实态度。

有心理学家发现，老年人并没有我们所想的那么衰弱、消极，相反，他们活得很幸福。这是为什么呢？对此，布兰迪斯大学的德里克教授（Derek M.

Isaacowitz）通过实验发现，老年人更倾向于关注生活中那些美好的片段，并且比年轻人更快地对其做出反应。也许有很多人会不解，但道理其实很浅显，因为他们有着一颗最简单的心。衰老并不可怕，可怕的是我们的心也跟着"衰老"了。

一个人，若是杂念太多，顾忌太多，那么他诚信的内心将会被生活的尘垢所蒙。

曾经有这样一个人，年纪轻轻就拥有了金钱、名誉和地位，按理说他应该很快乐，可是，事实却相反，苦恼与忧郁经常伴随他，觉得自己活得很累、很辛苦。于是，有一天，他专程上山拜访了一位老禅师，老禅师听明来由后，什么也没说，只是在纸上画了一棵树给他看，老禅师说："年轻人，在这幅画中你看到了什么？"年轻人看了看，心想，这不就是一棵树么？可是，他转念又想，禅师怎么会拿这么简单的一幅画给我看呢？这画肯定另有玄机。而后，他自信满满地说道："大师啊，您画的是一个人吧。这么多的叶子肯定是希望他能获得更多的成功。"大师听了，微笑不已："年轻人哪，难道你看不出来，这就是一棵树么。"年轻人顿时错愕，大师又接着说："你心中杂念太多，顾忌太深，所以看不到眼前这真实的一面。万事万物都讲究一个'诚'字，若你能解开心中那道枷锁，以一颗最简单的心诚实面对自己，那么生活终将赐予你幸福、快乐！"年轻人听了，恍然大悟，并一直谨记着大师的教诲，终于能够轻松面对生活了。

是啊，简简单单地，诚诚实实地，就是生命赐予我们幸福、快乐的魔法石。

温馨贴士：
深呼吸，深呼吸，用一颗最简单的心净化生活。

第一部分 品质

（三）培养孩子有担当的习惯

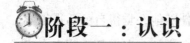
阶段一：认识

这是一种民族精魂

前人定义"有担当"，就是敢于负责，敢于承担，敢于担当的意思，而这些释义无论怎样千变万化，终究离不开一个"敢"字。何为"敢"？就是一种不怕牺牲，刀山火海舍我其谁的大无畏精神，哪怕这责任再重再难，也会一直勇往直前，毫不推脱。

记得那次看完《辛亥革命》的历史记录片后，内心久久无法平静，回顾近代中国走过的曲折道路，回顾百年前的先人们为改变中国面貌而进行的艰苦卓绝的奋斗与牺牲，心中百感交集，为他们心痛，同时更为他们骄傲。那一段苦难深重的岁月啊，因有这样一群不畏洋枪弹炮，用血肉之躯誓死坚守民族复兴信念的革命先辈们，终于让那些生活在黑暗深处的人们又重新看见了希望，"民主与共和"的思想在惊起一声春雷后，国人沉睡已久的意识终于被唤醒了，他们嘶吼着、怒哮着，在无尽的曲折与艰难中使中国的革命历程又向前迈了一大步。这，是怎样的一种爱国情怀；这，是怎样的一种担当精神。当国难临头，人民水深火热之际，他们勇敢地肩负起了历史的使命。中国不会忘记，世界不会忘记！

可见，一个民族，一个社会的进步与发展离不开这种担当精神，担当责任，担当生活，担当继续延伸的中国之路。

记得我小时候，爱看金庸的武侠小说，即使多次冒着被老师责罚的风险也不肯罢手。那一个个侠骨柔情，英雄美人，畅意天地的江湖故事曾伴随着我们那一代人走过了一段又一段难忘的青春岁月，如今忆往之时，也依旧如墓志铭般烙印深刻，在回忆里鲜活明媚。记得当时我年龄小，只对那些个凄婉缠绵，荡气回肠的爱情故事唏嘘不已，稍大些时，才渐渐领会了小说中所描述的人物精神及其文化内涵。

曾经看到过这样一篇评论文章，读来很是贴切。它指出，金庸武侠中的英雄人物上至帝王下至侠义志士、乞丐都是历史的创造者。其笔下的英雄人物个性鲜明，栩栩如生，跃然纸上。在善与恶的冲突中，生与死的抉择中，价值信仰与个人私利中塑造出人物内心高尚的品格。并且还描绘了形形色色的百态人生，有豪杰志士、跳梁小丑，有野心勃勃争霸武林，有清心寡欲、无为无求，有儿女情长、多情多义……这些侠士英雄在金庸小说中挽狂澜于既倒，扶大厦之将倾，是另外一种类型的创造历史的英雄人物，也是作者最为青睐的一种，寄托着作者的终极理想。《射雕英雄传》与《神雕侠侣》中的郭靖以及《天龙八部》中的乔峰最具代表性。《射雕英雄传》中记叙了历史上著名的"襄樊之战"，北宋的南大门襄阳城决定了整个国家的命运，然而正是由于郭靖的镇守与保卫，才会被包围四年之久而没有失陷于元，延迟了北宋的灭亡时间。郭靖全身心地投入参与到了北宋对元的反吞并战争中，以知其不可为而为之的积极态度与一种社会责任感誓死保卫自己的国家。乔峰又是另外一个最真心的英雄，具有一种大担当的精神和社会责任感。身为汉人时积极阻挡辽的入侵，或许是命运的捉弄，又让他偏偏是辽人的后代，身为辽人则又竭力劝谏阻止对大宋的入侵。以一身豪迈的气度在宋辽之战中坚持着正义，最终悲壮感人地死去，留取一片丹心照耀青史。对此，吴霭仪也写过一本书——《金庸笔下的男子》，她说："在武侠世界中，男子的责任是以仁义为先的，仁是对大众的疾苦和冤屈充分关怀，义是竭尽全力做分所当为之事，引申出去就是'为国为民，侠之大者'。"细细想来，也是如此这般。

这些人物，因着"担当"，不仅成了救民于水火之中的英雄，而且还成就

了自己的一身美名,成为典范之作,供后世瞻仰膜拜。可见,"担当"对于个人的德义兼修是多么的重要啊!因有"担当",我们的人格才会变得更加强大。

有担当能促进学生积极学习

有个广为人知的故事:一个去海岛度假的富翁劝诫一位同在海边晒太阳的渔夫多去打些鱼,这样可以慢慢买一条大船,再努力攒上一笔大钱,然后就可以在海边无忧无虑地晒太阳了。于是,渔夫就反问富翁:我已经在晒太阳了,为什么还要那样做呢?到这里故事就结束了,富翁没有做出回答。

看完这则故事,也许会有很多人赞同渔夫的观点:我捕完鱼晒晒太阳就好了,何必再费事地给自己找不自在呢?可是,首先我想问问大家,这个渔夫真的能够无忧无虑地晒一辈子太阳?答案显然是否定的,生活充满了太多的未知性,我们永远无法预知下一秒的事情。也许明天就会有一场暴风雨袭来,也许明天渔网破了,船翻了……这一切都极有可能会发生。而那个富翁却可以利用手中大笔的财富为自己消除这种潜在危机,舒舒服服地晒太阳。

那么,为什么会出现这两种不同结局呢?道理其实很简单,因为他们对待生活的态度不一样。渔夫自甘松懈,得过且过,任时光流走,韶华渐逝,从此湮没在世俗红尘里。而富翁却勇敢地担起生活的重任,通过一点一滴的努力,终于成就了非凡人生。

由此,我们可以看到,担当精神对于每一个渴求学习、渴望成功的人来说是多么的重要啊。

想起了前段时间网上热炒的一道题,是这么说的:两个人,一个在北京一个在丽江。一个年薪十万,买不起房,朝九晚五,每天挤公交,呼吸着汽车尾气,想着出人头地。一个无固定收入,住在湖边一个破旧的四合院,每天睡到自然醒,以摄影为生,到处溜达。没事喝茶晒太阳,看雪山浮云。一个说对方不求上进,一个说对方不懂生活。两种生活方式,你怎么选?

那么,孩子,你愿做哪一种人呢?

有担当教会学生能够坦然面对得失

时间真的好神奇，就像一根魔杖，每一分每一秒都为这个世界点播着不同的曲调。看着那些坐在窗明几净、设备先进教室的孩子们，看着他们课本上五颜六色的偶像明星、漫画贴纸时，过去的一切似乎真的走远了，走远了，那简陋、黑白、渗透着泥土气息的孩童时代。可是，当我们一次次感慨着他们如今的幸福时光时，却又心痛地发现：新生活给予这一代孩子的是怎样的一种强大压力。各种补习班、特长班，各种形式的比赛、竞猜无情地将孩子美好的周末生生剥夺，而每一次的辛苦追逐后又必然面临着成功或失败的心理挑战，这对心智还不成熟的孩子来说还太过沉重。对于正站在教育战线上的我来说，我非常明白孩子的这种"成长心殇"，所以，亲爱的孩子们，现在我想告诉你们的是：请一定要勇敢起来，承担起这个结局，因为无论成功或失败，这都是你自己种下的果，与他人无关。即便成功了，也不能趾高气扬、忘乎所以，而应再接再厉；即便失败，也不能一蹶不振、消极退缩，而应奋发图强。

这就像巴西足球队一样。

1954年"世界足球杯"比赛时，巴西队意外地输给了法国队，于是，大众的嘲笑、辱骂蜂拥而至，可他们并没有消沉，而是回国后一直闭关苦练。四年后的同一天，当他们终于手捧冠军奖杯时，并没有骄傲，而是淡定地承担了这份成功带来的荣耀，并在以后的每一届足球杯比赛中凭着这种敢于担当成功与失败的精神成了世人眼中的"不倒神话"。

在巴西足球队身上，我相信孩子们肯定领悟到了不少：敢于担当起自己做的每一件事，坦然面对得失。

有担当教会学生不要轻易对生活说"NO"

法国纪录片《微观世界》中有这样的一个场景：

一只屎壳郎，推着一个粪球，在并不平坦的山路上奔走着，路上有许许多多的沙砾和土块，然而它推的速度并不慢。

在路正前方的不远处，一根植物的刺，尖尖的，斜长在路面上，根部粗大，顶端尖锐，格外显眼。也许是冥冥之中的安排，屎壳郎偏偏奔这个方向来了，它推的那个粪球，一下子扎在了这根"巨刺"上。

然而，屎壳郎并没有发现自己已经陷入了困境。它正着推了一会儿，不见动静。它又倒着往前顶，还是不见效，它还推走了周边的土块，试图从侧面使劲——该想的办法它都想到了。但粪球依旧深深地扎在那根刺上，没有任何出来的迹象。

我不禁为它的锲而不舍感到好笑，因为对于这样一只卑小而智力低微的动物来说，实在是不能解决好这么大一个"难题"的，就在我暗自嘲笑它，并等着看它失败之后如何沮丧离去时，它突然绕到了粪球的另一面，只轻轻一顶，咕噜——顽固的粪球便从那根刺上"脱身"出来。

它赢了。

——摘自《名刊卷首语》

是的，屎壳郎赢了。但它赢得的不仅是一个粪球，更是一种对困难、生活不服输的精神。从它身上，我们看到了，那种不轻言放弃的担当精神。这种精神值得我们敬佩，值得我们学习。

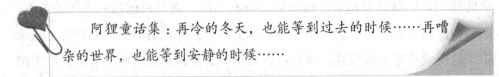

阿狸童话集：再冷的冬天，也能等到过去的时候……再嘈杂的世界，也能等到安静的时候……

想到曾经看到过的这样一个谜语：你对它笑，它就对你笑；你对它哭，它就对你哭。——这是什么？当时有很多人都说，这是一面镜子。然而，却有一个人告诉我们，这是生活。他就是法国作家拉伯雷，他的这句经典言语："生活是一面镜子，你对它笑，它就对你笑；你对它哭，它就对你哭。"一直被后人广为传颂。难道不是吗？愁眉苦脸看生活，生活肯定愁眉不展；爽朗乐观看生活，生活肯定阳光灿烂。所以，不要轻易对生活说"NO"。

⏰阶段二：培养

有这么一对姐妹。有一天，姐妹俩结伴去公园玩，玩得很开心，在回家的路上，她们一边走一边跳着，忽然，"咚咚咚"一阵响，地面上散落了一地的核桃，原来，妹妹不小心撞翻了路边卖核桃的阿姨的篮子。于是，阿姨很生气，双手叉着腰对着姐妹俩大声训斥，并要她们赔偿，一时间，周围聚满了看热闹的路人。妹妹见此情形，慌了神，急促地对着阿姨辩解："是你的篮子摆得太靠近马路，不然我也不会撞到啊。"说完，还扯着姐姐的袖子，小声地说："姐，咱们快跑吧。"可姐姐却没有理会妹妹，而是谦诚地对阿姨说："阿姨，真不好意思，我们只顾贪玩，没看见您的篮子。真对不住了，要不这样吧，我们先帮您把核桃捡回来吧，还有我们身上这仅剩的 10 块钱也补偿给您好么？"姐姐真诚的道歉让围观的大人们纷纷赞叹，一致替她说好话，阿姨见状，心想：核桃虽然掉地上了，但洗洗后还能卖，而且小女孩态度也还诚恳，于是就答应了。最后，这一场"核桃风波"就在姐姐的敢于承担中化解了。

故事还没有完。事后，妹妹不解地问姐姐，"当时那个阿姨那么凶，为什么还要帮她把核桃捡回去？"姐姐听了，转过头，严肃地盯着妹妹说："这件事本来就是我们做错了，逃避推脱只能将矛盾扩大化，同时，也会让我们失去做人的最基本信用。妹妹，你要记住：永远不要因为害怕而逃避责任，真正的勇士敢于直面困苦，勇于承担，无论这条路多么险恶，我们也要继续走下去，无愧于心。"

姐姐的这番话对妹妹的影响非常巨大，深深烙印在她心中，一直伴随她经历了无数风险。如今已成为商界奇葩的她在接受媒体采访时，无限感慨地说："我很感谢我的姐姐，在那段年少无知的岁月，用自己的实际行动告诉了我'敢于承担'这四个字，是她促使我一步步走向成功，成就了今天的我。"

一代传奇的背后竟然蕴藏着这样一个微小的故事，可见，一个好的榜样对于一个孩子来说是多么的重要啊！

第一部分 品质

孩子的心智是不成熟的，经常会模仿大人的行为，如若家长在平时的一言一行、一时一事中起到良好的示范作用，那么孩子也会因此走向成熟，成为一个富有担当精神的人。

温馨贴士：

一个好的榜样，可以成就又一个比尔·盖茨。

改变观点，像丁香一样懂得绽放

时下，随着经济的发展，层出不穷的流行元素一波一波地侵入孩子的大脑，日渐改变着他们对生活的态度，于是，有越来越多的孩子不愿意被书本、学校、家的单调生活所束缚，开始大声叫嚣着"我就是我，我要非同一般的每一天"。然后，这些孩子每天就会挖空心思的想要制造一点特别的回忆，以此来纪念自己所谓的别样青春。可是，最后，我们却心痛地看到这些孩子因为疏于学习而沦落成差生，有的甚至成了社会问题少年。作为孩子，学习必然是首要的，而这往往也意味着要与孤独、寂寞相伴，经受着日复一日的单调与乏味，可是，遗憾的是，他们并未明白每个人在不同的人生阶段都有自己要承担的那份责任。

当然，我很理解这样的心情，毕竟我们都曾年轻过，都向往自己热爱的那种生活。可是，当心智沉淀到一定阶段的时候，你才会明白：原来生活总会重复，无论你进入哪一种状态，它总会重复。

有这么一个努力想要不重复的人。那个人年轻时就爱恨激烈，万水千山走遍，且把她的故事写成书，让无数年轻的心为之神往。可能身为作家，她的敏感更甚于常人。然而我总觉得，她比常人更期盼得到那种幸福——重复的幸福。若是荷西不离开她，若干年后她也不过和她妈妈一样，围着围裙做饭，操心儿女成长。

油盐柴米，一日三餐，七点半的公车，全自动的洗衣机，未看完的肥皂长剧。生活总由这些琐碎的事物组成，在周末大商场的人流里我们会怅然若失，因为哪儿都是相似的表情——笑着和恋人说话的男生，牵着父母大手的小孩舔着雪糕，抢购到好东西的 MM 一脸得意，主动在问那种 20 卷的卷筒纸还打不打九折。

生活就是个大超市，各式商品总是来了又去，去了又来；《三国演义》里说天下大势分久必合，合久必分。

不过是种种的重复。

——摘自《名刊卷首语》

生活不过是种种的重复，对于这样的事实，我们无法改变，也不能改变，因为这是每个人的必经之路，我们能做的就是改变看法，在漫长的等待中承担起这份疼痛。

想起哈尔滨的丁香花：它们往往是在人们不经意的瞬间，忽然全部绽放的。这让人们感觉春天在一夜之间降临到了这座城市。在北方，有许多花儿都是这样，花蕾往往会在枝头上挂很长时间，然后在某一天，或某一瞬间，便"忽如一夜春风来，千树万树梨花开"了。

花儿为什么要选择在一个瞬间不约而同地绽放呢？一位生物学家解开了这个谜。

北方地处高纬度地区，这里冬季漫长，春季短暂。有时，春天即使来了，天气往往也会有很多反复，白天可能艳阳高照，而晚上则有寒流侵入，这样，即使在一天之间，温差也极大。在这种气候中，花儿如果贸然开放，必会被无情的寒风"零落成泥碾作尘"。所以，聪明的花儿一直处于含苞待放的状态，寻找最佳的开放时机。它们可能会等一个星期，甚至一个月的时间，直到四月中旬或者更晚的某一个清晨，人们上街时会突然嗅到四溢的花香，看到花开满城。北方的花儿，因为善于等待而避开被冻僵、夭折的灾难，带来了生机勃勃的春天，完成了繁衍生息的任务。

——摘自《名刊卷首语》

这样漫长重复的等待是多么的不易啊，它们对生活的那种负责任精神让

第一部分 品质

我们为之动容，这是一种生活大智慧，正如禅师所言"青青翠竹皆是法身，郁郁黄花无非般若"——每一株竹子里都宝藏着佛的法身，每一朵黄花里都开满了智慧啊！

而对于人，特别是处于学习阶段的孩子来说也一样，只有当我们改变对生活的看法，敢于承担起这份责任，在寂寞中等待，生活必将会赐予我们一个不一样的明天。

温馨贴士：

    寂寞是一袭华美的袍，只有懂得欣赏它的人，才能穿出万千风情。

自己的事自己做

80后的朋友应该都记得在1992年到1993年炒得很热的"中日夏令营事件"。事情发生之后，在国内的教育界引起了一场轰动和反思热潮。孙云晓最早写的那篇文章题目并不是《夏令营中的较量》，而是发表在1993年第2期《少年儿童研究》杂志上的一篇稿子，题为《夏令营史上的一场变革》。缩写稿《我们的孩子是日本人的对手吗？》发表于1993年7月号《黄金时代》杂志，经同年11期《读者》杂志全文转载，文章标题改为《夏令营中的较量》。此为整个事件的发端。从《夏令营中的较量》一文开始，全国范围内的"大反思"、"大讨论"拉开了序幕。究竟是一件什么样的事让国人如此痛心疾首，下面我们一起来回顾一下吧：

1992年8月，77名日本孩子来到了内蒙古，与30名中国孩子一起举行了一个草原探险夏令营。

中国孩子病了回大本营睡大觉，日本孩子病了硬挺着走到底。

在英雄小姐妹龙梅、玉荣当年放牧的乌兰察布盟草原，中日两国孩子人人负重20千克，匆匆前进着。他们的年龄在11—16岁之间。根据指挥部的要求，至少要步行50千米路，而若按日本人的计划，则应步行100千米！

说来也巧，就在中国孩子叫苦不迭之时，他们的背包带子纷纷断落。产品质量差给他们偷懒制造了极好的理由。他们争先恐后地将背包扔进马车里，揉揉勒得酸痛的双肩，轻松得又说又笑起来。可惜，有个漂亮女孩背的是军用迷彩包，带子结结实实，使她没有理由把包扔进马车。男孩子背自己的包没劲儿，替女孩背包不但精神焕发，还千方百计让她开心。他们打打闹闹，落在了日本孩子的后面。尽管有男孩子照顾，这位漂亮女孩刚走几里路就病倒了，蜷缩一团瑟瑟发抖，一见医生泪如滚珠。于是，她被送回大本营，重新躺在席梦思床上，品尝着内蒙古奶茶的清香。

日本孩子也是孩子，也照样生病。矮小的男孩子黑木雄介肚子疼，脸色苍白，汗珠如豆。中国领队发现后，让他放下包他不放，让他坐车更是不肯。他说："我是来锻炼的，当了逃兵是耻辱，怎么回去向教师和家长交代？我能挺得住，我一定要走到底！"在医生的劝说下，他才在草地上仰面躺下，大口大口地喘息。只过了一会儿，他又爬起来继续前进了。

日本家长乘车走了，只把鼓励留给发高烧的孙子；中国家长来了，在艰难路段把孩子拉上车。

下午，风雨交加，草原变得更难走了，踩下去便是一脚泥水。当晚7点，队伍抵达了目的地——大井梁。孩子们支起了十几顶帐篷，准备就地野炊和宿营。日本的孩子生起了篝火，将黄瓜、香肠、柿子椒混在一起炒，又熬了米粥，这就是晚餐了。日本孩子先礼貌地请大人们吃，紧接着自己也狼吞虎咽起来。倒霉的是中国孩子，他们以为会有人把饭送到自己面前，至少也该保证人人有份吧，可那只是童话。于是，有些饿着肚子的中国孩子向中国领队哭冤叫屈。饭没了，屈有何用？

第二天早饭后，为了锻炼寻路本领，探险队伍分成10个小组，从不同方向朝大本营狼宿海前进。在茫茫草原上，根本没有现成的路，他们只能凭着指南针和地图探索前进。如果哪一组孩子迷失了方向，他们将离大队人马越来越远，后果难以预料。

出发之前，日本宫崎市议员乡田实先生驱车赶来，看望了两国的孩子。这时，他的孙子已经发高烧一天多，许多人以为他会将孙子接走。谁知，他只鼓励了孙子几句，毫不犹豫地乘车离去。这让人想起昨天发生的一件事：当发现道路被洪水冲垮时，某地一位少工委干部马上把自己的孩子叫上车，

第一部分 品质

风驰电掣地冲出艰难地带。

中日两位家长对孩子的态度是何等的不同！我们常常抱怨中国的独生子女娇气，缺乏自立能力和吃苦精神，可这板子该打在谁的屁股上呢？

日本孩子吼声在草原上震荡。

经过两天的长途跋涉，中日两国孩子胜利抵达了目的地狼宿海。

当夏令营宣告闭营时，宫崎市议员乡田实先生做了总结。他特意大声问日本孩子："草原美不美？"

77 名日本孩子齐声吼道："美！"

"天空蓝不蓝？"

"蓝！"

"你们还来不来？"

"来！"

这几声大吼震撼了在场的每一个中国人。天哪！这就是日本人对后代的教育吗？这就是大和民族精神吗？当日本孩子抬起头时，每个人的眼里都闪动着泪花。

在这群日本孩子身后，站着的是他们的家长乃至整个日本社会。

据悉，这次由日本福冈民间团体组织孩子到中国探险的活动得到日本各界的广泛支持。政府和新闻机构、企业不仅提供赞助，政界要员和企业老板还纷纷送自己的孩子参加探险队。许多教授、工程师、医生、大学生、小学教师自愿参加服务工作。活动的发起者、该团体的创始人河边新一先生与其三个女儿都参加了探险队的工作。他们的夏令营向社会公开招生，每个报名的孩子需交纳折合 7000 元人民币的日元。一句话，日本人愿意花钱送孩子到国外历险受罪。

中国孩子的表现在我们心中压上沉甸甸的问号。

日本人满面笑容地离开中国，神态很轻松，但留给中国人的思考却是沉重的。

刚上路时，日本孩子的背包鼓鼓囊囊，装满了食品和野营用具；而有些中国孩子的背包却几乎是空的，装样子，只背点吃的。才走一半路，有的中国孩子便把水喝光、干粮吃尽，只好靠别人支援，他们的生存意识太差！

运输车陷进了泥坑里，许多人都冲上去推车，连当地老乡也来帮忙。可有位少先队"小干部"却站在一边高喊"加油"、当惯了"官儿"，从小就只习惯于指挥别人。

野炊的时候，凡是又白又胖抄着手啥也不干的，全是中国孩子。中方大人批评他们："你们不劳而获，好意思吃吗？"可这些中国孩子反应很麻木。

在咱们中国的草原上，日本孩子用过的杂物都用塑料袋装好带走。他们发现了百灵鸟蛋，马上用小木棍围起来，提醒大家不要踩。可中国孩子却走一路丢一路东西……

短短的一次夏令营，暴露出中国孩子的许多弱点，这不得不令人反思我们的培养目标与培养方式。第一，同样是少年儿童组织，要培养的是什么人？光讲大话空话行吗？每个民族都在培养后代，日本人特别重视生存状态和环境意识，培养孩子的能力加公德；我们呢？望子成龙，可是成什么龙？我们的爱心表现为让孩子免受苦，殊不知，过多的呵护只能使他们失去生存能力。日本人已经公开说，你们这代孩子不是我们的对手！第二，同样是少年儿童组织，还面临一个怎样培养孩子的问题。是布道式的，还是野外磨炼式的？敢不敢为此承担一些风险和责任？许多人对探险夏令营赞不绝口，可一让他们举办或让送自己的孩子来，却都缩了回去，这说明了什么呢？

是的，一切关心中国未来命运的人，都值得想一想，这个现实的矛盾说明了什么。

全球在竞争，教育是关键。假如，中国的孩子在世界上不具备竞争力，中国能不落伍？

——摘自孙云晓《中日夏令营的较量》

勇于承担责任的做法：

自己的事自己做；在家庭和学校中承担具体责任；

面对过失，勇于承担；服务他人，有社会责任感。

尽管这篇文章中的部分事件后来经证实是被作者有意夸大的，但我们还是应该看到中日两国间教育的差别。事实上，在活动开始之前这样的距离就

第一部分　品质

已经产生了。草原夏令营之前的一个中午，77个日本孩子到了天安门广场。日方领队给每人发 20 元人民币，说："现在自由活动，3 至 5 人一组，买一顿晚餐，下午 4 点半回来集合，走吧。"中方工作人员担心起来，提醒道：日本孩子人生地不熟，语言又不通，万一回不来怎么办？不料，日方领队轻松地回答："回不来也是锻炼，探险从这里开始了！"像这样一种轻松的态度，试问放在中国，有哪一位父母、老师放心这么做？因此，以"遗传"二字评论中国的溺爱教育，可谓入木三分。对此，曾有某位学者一针见血地指出：摆脱依赖性的最佳方法是，让孩子学会自己的事自己做。只有这样，孩子才会真正成长，才会明白自己所应承担的那部分责任。

 温馨贴士：

如果爱他（她），就请放手。

行为后果法

行为后果法，即让我们亲自体验到我们的行为所带来的自然后果，没有任何的干涉。

例如：天冷没有穿足够的衣服，造成生病；忘带橡皮，影响考试等。

情境创设法

聪明的父母会在孩子的成长中用事实告诉他们做人做事的道理，这时候就需要为孩子有计划地创设一些困难情境，让他们在困难中学会自我管理，自我负责。

先抑后扬法

社会心理学家告诉我们，人们在努力工作或学习时，"痛苦"作业的前方应同时安排有快乐的报酬。对孩子的教育也应遵循这种规律。

"四步走战略"——第一步：允许孩子犯错；第二步：父母针对问题循循引导；第三步：孩子自我顿悟；第四步：充分给予孩子鼓励。

通过这种"抑扬法"培养孩子的责任意识，让孩子感到这种痛苦的付出是有意义的，从而积极养成敢于承担的习惯。

分享责任法

现在的大多数父母总是以孩子太小为由把孩子拒绝在家庭责任之外，显然，这种做法会导致孩子的依赖性越来越强，对于孩子的成长不利。每一位父母应当适当地把一些困难让孩子分担，这样孩子的担当精神才会在日常生活中被磨炼。

（四）培养孩子自信的习惯

⏰ 阶段一：认识

✏️ 自信心的心理功能

自信心：一种反映个体对自己是否有能力成功地完成某项活动的信任程度的心理特性，是一种积极、有效地表达自我价值、自我尊重、自我理解的意识特征和心理状态，也称为信心。

自信心的心理功能：

内在作用：

1. 自信心是心理健康的需要。人是一种群居动物，每一个人都渴望获得老师、父母、同伴的认可和赞赏，这就需要自信，因为它能带给我们"被认可感"，满足内心的平衡。

2. 自信心是人际交往的需要。在现今飞速发展、竞争越来越激烈的社会，我们每一个人所面临的危机与压力也越来越大，而无论哪一种生存姿态，都需要建立在与人沟通交往的基础上，这就需要自信，因为它能使我们收获良好的人际交往氛围和人际交往效果。

3. 自信心使人勇敢。一个自信的人，心中必定对自己有着充分的肯定，因此，无论面临哪种困境，总是能够以一种轻松自然的态度来面对生活中复杂的情景或挑战，表现出一种大智大勇的气度。

4. 自信心使人果断。因为自信，所以我们相信自己能够妥善处理好每一件事，在每一次决断中果敢干脆，并勇敢承担起最终结果。

5. 自信心使人谦虚。自信的人更能正确对待自己的优点和缺点，从而可以更加全面地认识自己，谦虚待人，不断进步。

外在作用：

1. 自信心是承受挫折、克服困难的保证。

自信心是一种内在的精神力量，它能鼓舞人们去克服困难，不断进步。高尔基指出："只有满怀信心的人，才能在任何地方都把自己沉浸在生活中，并实现自己的理想。"战胜逆境最重要的是树立坚定的信心，自信心可以使人藐视困难，战胜邪恶，集中全部智慧和精力去迎接各种挑战。

2. 自信心是成功的保证。

美国教育家戴尔·卡耐尔在调查了很多名人的经历后指出："一个人事业上成功的因素，其中学识和专业技术只占15%，而良好的心理素质要占85%。"自信是成功的保证，是相信自己有力量克服困难，实现一定愿望的一种情感。

有自信心的人能够正确地实事求是地估价自己的知识、能力，能虚心接受他人的正确意见，对自己所从事的事业充满信心。

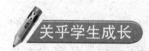

自信能让学生获得"自我认同感"

自我认同感，即自己对自身价值的一种肯定，它是自信发展下的产物。

每一个人，无论大人或是孩子，都希望能获得"自我认同感"，因为当我们肯定自己足够优秀时，才会有勇气站在人生舞台的幕前，展现自己独特的风采。

孩子是最有表现欲的群体，他们年轻，他们活泼，他们渴望被更多的人关注。可是，我们发现，还有这么一些孩子，他们害怕、胆怯、不敢站在台前，担心自己的缺陷会遭遇同学、老师的嘲笑或责备。这种心理我们通常称之为"自卑"，在不信任自己的同时，也用自卑的放大镜否定了生活。

美国某大学的科研人员曾经进行过一项有趣的心理学实验——伤痕实验。

实验这样进行：首先他们向参与实验的志愿者说明实验的目的，旨在观察人们对身体有缺陷的陌生人作何反应，尤其是面部有伤痕的人。

每位志愿者都被安排在没有镜子的小房间里，由好莱坞的专业化妆师在其左脸做出一道血肉模糊、触目惊心的"伤痕"。志愿者被允许用一面小镜子

第一部分 品质

照照化妆的效果后，镜子就被拿走了。

关键的是最后一步，化妆师表示需要在"伤痕"表面再涂一层粉末，以防止它被不小心擦掉。实际上，化妆师用纸巾偷偷抹掉了化妆的痕迹。对此毫不知情的志愿者被派往各医院的候诊室，他们的任务就是观察人们对其面部"伤痕"的反应。

规定的时间到了，返回的志愿者竟无一例外地叙述了相同的感受：人们对他们比以往粗鲁无理、不友好，而且总是盯着他们的脸看！

这是一个发人深思的实验。一道疤痕便让他们改变了对世界的看法，认为人们比以往更粗鲁、无理，受伤的同时又排斥着他人，这，就是自卑带给人的不认同感。正如台湾心灵作家张德芬说过一句话："亲爱的，外面没有别人，只有你自己。"所以，孩子，我想告诉你，这个世界上没有什么是可怕的，只要你足够自信，足够肯定自己，那么，总有一天，你会发现原来生活是如此美好！

自信教会孩子继续勇敢地走下去

人生在世，譬如蜉蝣，短短几个春秋便了却了一世，时间于我们而言似乎太过匆忙，那一句"流光容易把人抛，红了樱桃，绿了芭蕉"让多少人心生凄恻，感慨这一生还有多少心愿未了，还有多少遗憾未补。记得那一年看到台湾漫画家几米的一幅题为《有效期限》的图画时，心中很是震撼。画的中心是一片浅绿的水，上部有一些叶片粗大开满了紫色的藤儿，中间偏下是两块大石头，大石头上坐着一大一小两个人，小石头上蹲着一只好奇的小青蛙。左下角一只小纸船正悄然无声地驶来，朦朦胧胧的影子倒映在水里，显得那样圣洁、诗意而又孤寂、无助。旁边的诗云："一艘小纸船，悠悠地飘过来，吸饱水分，渐渐沉没。世界上所有的美好，都有有效期限。"

"世界上所有的美好，都有有效期限"这句话充满了太多的禅意。既然生命短暂，为何不在有限的时间里相信自己一定能行，去尽力尝试呢？

记得法国有一名记者叫博迪，在年轻的时候，他因一场病故导致四肢瘫痪。在全身的器官中，唯一能动的只有左眼。可是，他还是决心要把自己在病倒前就构思好的作品完成。

博迪只会眨眼，所以就只有通过眨动左眼与助手沟通，逐个字母地向助手背出他的腹稿，然后由助手抄录出来。助手每一次都要按顺序把法语的常用字母读出来，让博迪来选择，当她读到的字母正是文中的字母时，博迪就眨一下眼表示正确。由于博迪是靠记忆来判断语句的，有时不一定准确，他们需要查辞典，所以每天只能录一两页。可以想象两个人的工作是多么的艰难！几个月后，他们历经艰辛终于完成了这部著作。为了写这本书，博迪共眨了二十多万次眼。这本不平凡的书有150页，它的名字叫《潜水衣与蝴蝶》。

——摘自《名刊卷首语》

在这个世界上，很多人之所以没有成功，并不是因为他们缺少智慧，而是因为他们面对事情的艰难不相信自己有做下去的能力。波德莱尔说过："没有一件工作是旷日持久的，除了那件你不敢着手进行的工作。"

世间艰难太多，极少有人愿意尝试，不是因为它本身的可怕，而是因为我们心中的那份害怕，那份不自信。所以，我亲爱的孩子们，请一定要勇敢起来，相信自己，这条路我一定能继续走下去。

自信能激发学生的内在潜能

佛说："世间万物皆有灵性。"无论花草树木，或是飞禽走兽都有自己的生存法则。

龙涎香，一种对于我们并不陌生的香料，有"天香""香料之王"等美誉，是所有高级香水和化妆品中必不可少的配料，但它与其他香料不同的是，它可保持香气长达数百年，历史上流传有龙涎香"与日月共长久"的佳话。据说在英国旧王宫中，有一房间因涂有龙涎香，历经百年风云，至今仍香飘四溢。

可是，世人却只知它的香，却不知这风光无限的背后是怎样的一段辛酸。刚刚诞生的龙涎香不仅不香，还会奇臭无比。它需要在海波的摩挲下，阳光的曝晒下，空气的催化下，臭味才能慢慢消减。然后淡香出现，逐渐变得浓烈；颜色相应也会由最初的浅黑色，渐渐地变为灰色、浅灰色，最后变成白色。白色的龙涎香品质最好，只是它往往需要经过百年以上海水的浸泡，将杂质

第一部分　品质

全漂出来，方可修得"上品"。

许多人都认为，这只是自然造化的产物，可我想说的是，自然界的万物都是具有思想的精灵，他们也会懂得忍耐，懂得承受，懂得坚持，而这种种一切皆源于他们相信自己，相信自己总有一个季节是属于自己的。

作为一个从事多年的教育工作者，我发现，每一个孩子身上具有的潜能是无穷大的。一个孩子，从出身到长大的这一段历程中，总会遇到各种各样的困境。面对它时，有的孩子能轻易解决，而有的孩子却胆怯不安，犹豫不决，是什么原因造成了这两种截然不同的后果呢？我认为，首当其冲的应是自信。一个自信的孩子往往活泼聪明，反应敏捷，无论身处怎样的境地，都能找到解决问题的方法。而事实证明，这也是有一定道理的。

美国的心理学家曾对 150 名很有成就的人的性格进行过研究，发现他们都具有三种优秀的品质：一是性格上具有坚韧性；二是善于为实现自己的目标不断进行成果的累积；三是很自信，不自卑。

所以，孩子，当一个人拥有足够自信的时候，他才能激发自身更多的潜能，将每一次苦难化解，拥抱成功！

⏰ 阶段二：培养

《世界教育艺术大观》中有一个这样的故事：

世界一流的小儿神经科医生弗雷德上小学时，是大家眼里的笨学生，甚至连最简单的 2 加上 2 等于几都弄不清楚。然而，到五年级时，他遇见了改变他一生的墨菲老师。

一天课后，墨菲老师把他叫到一旁，拿出了他的试卷，弗雷德惭愧地低下了头。但墨菲老师却没有责备他，而是和蔼地说："我知道这些题你都会，你愿意重新再做一遍吗？"弗雷德默默地点了点头。墨菲老师让他坐下，用卷子上的每一道题逐一向他提问，弗雷德则以口头方式进行回答……"你都答对了！"墨菲老师高兴地说，他的脸上露出了满意的笑容，这笑容仿佛能驱散一切黑暗，正是这慈祥的微笑照亮了弗雷德的心。"我就知道你都能答对。"他随即将弗雷德的成绩批改为全对，从而使弗雷德避免了留级的厄运。不仅如此，墨菲老师还教弗雷德如何利用已掌握的词汇去记忆新的单词。墨菲老师不仅对弗雷德耐心帮助，而且总是给予热情鼓励。他曾对弗雷德说："你很聪明，孩子。我知道你将来一定会前途无量，我对此充满了信心。"

弗雷德下定决心：绝不辜负老师的期望，绝不能向困难低头。这时，弗雷德惊奇地发现，自己似乎具有出众的才能，许多久远的往事竟栩栩如生地呈现在脑海里，自己甚至能够清楚地回忆出过去三四周内的天气情况及每顿饭吃了些什么。进入初中后的第一年，弗雷德终于将自己的才能首次展现在同学面前，他竟一字不差地背诵了林肯总统的《葛底斯堡演说》。他成功了。

——摘自《世界教育艺术大观》

是的，费雷德成功了，从他的转变中发现，一个积极夸奖、正面回馈的环境对孩子自信心的培养非常重要。

许多孩子在面对逆境时，往往会选择退缩回避，于是，家长应该在此时像知心朋友一样关心孩子、鼓励孩子，并和孩子共同克服困难，当孩子说"我不行"时，你可以这样告诉他（她）：我不相信你不行，在我心里，你是最棒的！对此，美国的儿童心理学家还教给家长们一个叫作"3C"的方法，来帮助孩子们渡过困境。这个"3C"是指 Control(调整)，Challenge(挑战) 和 Commitment(承诺)。

"调整"指的是一种心理上、情绪上的调整，是为了帮助孩子认识到"困境并不等于绝境"。

"挑战"指的是给孩子一种心理挑战，让他学会在不高兴的事情中看到快乐的一面。

"承诺"指的是用承诺的方式帮助孩子看到生活更为广大的目的和意义。

通过"调整"、"挑战"和"承诺"，孩子的心理也会变得豁然开朗，由失落转为积极，重拾对生活的信心。

所以，少一点批评，多一点赞扬，孩子的自信就会建立起来。周宏先生曾说过这样一句感人至深的话："哪怕天下所有的人都看不起我的孩子，我也要眼含热泪去拥抱她，欣赏她，为这个生命自豪。"这也是一位伟大父亲的肺腑之言。同样，我们也应该对自己的孩子说，你是最优秀的。

 温馨贴士：

> 大声告诉自己：我是最优秀的。

激发孩子自信的方法指南：

（1）对孩子进行挫折教育

孩子的依赖心理是很重的，无论大事小事都希望由父母一手包办，可是这样，孩子就无法真正独立起来，接受社会的挑战。所以，父母应在生活中给孩子适当地创设一些困境，让他们独立面对这些难题，即便失败了，孩子也能从中提高自信自立的认识。

（2）要求孩子自己的事自己做

①每天自己定好闹钟起床；

②自己叠被子；

③自己的整理上学所需用品；

④独立上学、放学；

……

通过这一系列"自己动手做"事情，培养孩子的独立意识，并经常鼓励孩子：别人能做的事，你也能做。以此来培养孩子的自信心，相信自己能够独立生活。

（3）鼓励孩子参加社会实践活动

孩子的自信心不是一朝一夕就能建立起来的，而是通过各种社会实践经验逐渐养成的。父母应带孩子多参加一些活动，比如歌唱比赛，亲子互动，足球（篮球）赛，节假旅游，有奖竞猜，观科研展，读书汇报等，在这种积极的生活氛围中，孩子自然就能产生一种强大的自信力量。

善于发现自身的优点

据说，上帝造人时，给每一个人都赐予了不一样的能力，于是，有的人擅长音乐，有的人擅长舞蹈，有的人擅长绘画，有的人擅长科研……但是，每一种能力的开启都需要用一把特制的钥匙才能打开。可遗憾的是，很多人在历经凡劫的时候却丢失了这把钥匙，找不到奋斗的方向，一生平平常常，庸庸碌碌。由此，世界便分化成了两大阵营，一类是成就者，一类是庸碌者，直到今天，已逐渐演化成了我们口中的富人与穷人之说。

其实，普通人并不普通，他们本来有很多优点却始终找不到，以为自己一无是处或者对自己缺乏自信，久而久之，便对生活失去了热情。而事实上，"钥匙"一直都在我们身上，只要我们善于发现。

美国青春喜剧《六人行》的主演珍妮弗·安妮斯顿到纽约求学时，有一次表演契科夫的《三姐妹》，观众被她的表演逗得笑个不停，这让她觉得不好受。可是，她的戏剧老师安东尼·艾伯森说："珍妮弗你知道吗？观众之所以笑，是因为你很搞笑。"

"可是我不想当搞笑演员，我要当严肃的演员。"珍妮弗·安妮斯顿说。

"不，你误会我的意思了。"老师说，"搞笑是非常好的事，你应该继续磨炼搞笑的技能，而非让搞笑成为阻碍。"

老师的一席话让珍妮弗·安妮斯顿认识到了自己的优势所在，与其抛弃自己的优势寻求其他发展，还不如利用天分开拓自己的事业。观点转变了，珍妮弗·安妮斯顿的演艺事业也走上了坦途。

——摘自《遇见未知的自己》

珍妮弗的成功让我们看到了，找到自己的特长是多么的重要啊！一个人只有在做自己真正擅长、感兴趣的事时，才会激发自己所有的潜能，获得成功。而那时，每一次的成功也会为我们带来自信，激励自己更上一层楼。正如范德比尔特所说："一个充满自信的人，事业总是一帆风顺的。"

温馨贴士：

每个人身上都有一把开启能力的钥匙，只要我们善于发现。

第一部分 品质

045

自我暗示法

前几年，一曲杨培安的《我相信》红遍了大江南北，激昂高亢的节奏快感让许多青少年为之疯狂，成为热门的励志经典。当热情过后，我们冷静下来想想，除了听觉冲击外，还有什么让它受到了如此多孩子的追捧呢？是的，那就是"我相信（I Do Believe）"简短的三个字让我们感受到了那份强大的自信以及孩子们对它的希冀与渴望。这是一种内在的精神的力量，它告诉我们：当你在现实面前左右摇摆，沮丧、害怕、担忧时，请不要轻易放弃，要坚定信心，勇敢地对自己说："我相信自己一定能行。"就像爱默生在《论自助》里说的："一定要信任自己，因为每一颗心都是朝着自信这根钢弦跳动。"

我相信，美梦一定能成真

美国实业家菲尔德，曾经因为一个执着的信念，而缩短了欧洲与美洲的距离，改变了世界历史的进程！

他的梦想是铺设一条能横越大西洋，将欧美连接的海底电缆。虽然多数人都认为，这项计划是个天方夜谭，不可能会实现，不过，年轻的菲尔德却对此充满了信心，因为他相信，美梦一定能成真。

从此，菲尔德把所有的精力与财产，全部投入到这项计划之中。将近10年的时间，菲尔德往返于两大洲之间31次，却也失败了无数次。

直到1858年7月28日晚上，海底电缆发报成功了。一时间，欢声雷动，每个人都沉浸在一片狂欢之中。

但是，第二天早上，不幸的事情发生了，因为电传信号运转不久之后，又归于沉寂，这让原本欢天喜地的人们，心情顿时掉入谷底。

人们甚至还失去理性地将失望转为愤怒，将矛头指向菲尔德，开始责骂他的空想。

菲尔德默默承受着这一切，因为坚信梦想绝对能够成真的他，决心不放弃，也不退缩。他继续着梦想的事业，终于在1866年成功改写了世界的历史！

站直一点，要像个大丈夫一样

威廉·丹佛斯是布瑞纳公司的总经理，据说他小时候长得瘦小羸弱，而且志向不高。因为，每当他面对自己瘦弱的身体，信心就完全丧失了，甚至心中还经常感到不安。直到有一天，他遇见了一位好老师，人生观才从此改变。

上课的第一天，老师便把威廉找来，对他说："威廉，我从你的自我介绍中发现，你有一个错误的观念！你认为你很软弱，那么你就会变得越来越软弱！让老师告诉你，其实你是一个非常强壮的孩子。"

小威廉听到老师这么说，惊讶地问道："是吗？这怎么可能呢？我怎么可能是强壮的孩子？"

老师笑着说："当然是喽，来，你站到我的面前。"

只见小威廉乖乖地站到老师的面前，并听着老师指示："你看看你的站姿，从中就可以看出，在你心中只想着自己瘦弱的一面。来，仔细听老师的话！从现在开始，你脑海里要想着'我很强壮'，接着做收腹、挺胸的动作，想象自己很强壮，也相信自己任何事都能做到，只要你真的去做，也鼓起勇气去行动，很快你就会成为一个男子汉！"

当小威廉跟着老师的话做完一次后，全身忽然间充满了力量。

如今，他已经85岁了，依然活力十足，因为他一直遵循着老师的教诲，数十年来从未间断。每当人们遇到他时，他总是声音饱满地喊"站直一点，要像个大丈夫一样"。

——摘自《遇见未知的自己》

以上两则故事让我们看到了，无论是菲尔德还是威廉，他们都靠这种"自我暗示法"获得了自信，成就了非凡事业。所以，孩子们，当你们正遭遇这些人生难关时，请一定坚定自己的信念，正如麦克阿瑟将军对广大青少年的鼓励一样："你有信仰，你就年轻；你若疑虑，你就衰老。你有自信，你就年轻；你若恐惧，你就衰老。你有希望，你就年轻；你若绝望，你就衰老。"

温馨贴士：

Yes, I Do Believe Myself.

（五）培养孩子尊重的习惯

⏰阶段一：认识

✏ 社会、人性的道德需求

无论哪一种事件，似乎都跳不出"道德"的范畴，大到爱国小至不雅，人性的点点滴滴在这里都被发挥得淋漓尽致。可见，社会的飞速发展并没有湮没人们对道德的渴望与追求，反而以另一种方式将其继续延伸着。对此，我们应该感到欣慰。

说到这里，这让我又不得不想起了电影《金陵十三钗》，该片以南京大屠杀为背景，向我们讲述了一个真实感人的故事。受尽世人唾弃的秦淮河妓女们在唱诗班女孩即将遭受日本兵摧残之际，英勇地挺身而出，毅然决然地代替她们踏上了一条意味着死亡的不归路，那一句"我们去"震撼了所有人的心灵，让我们不由得对这十三个女子肃然起敬，她们，是一群让我们值得尊重的人，在那个血腥残暴的年代，用生命为我们留下了关于"尊重"的思考。

✏ 这是一种智慧的生存之道

有越来越多的人叹道："活着真累，活着真难！"而这累与难却正是来源于人与人之间的交往，父母之间，朋友之间，同事之间，师生之间，同事之间……

我们常说，这世上的人千姿百态，这世上的事形形色色，每个人都是在人类这个大群体中成长起来的，于是，我们难免要先学会与人打交道。这"打交道"自古以来就是一门深奥的处世学问，许多人穷尽一生也没有探知其精髓。其实，这门学问并没有世人所想的那么复杂，开启智慧之门的钥匙就是——

尊重。

17世纪的英国诗人约翰·堂恩在《钟为谁鸣》的诗中说："谁也不能像一座孤岛，在大海里独踞，每个人都似一块小小的泥土，连接成整个陆地。如果有一块泥土被海水冲去，欧洲就会缺其一隅，这如同一座山峡，也如同你的朋友和你自己。"是的，人类谁也不可能离群索居，都要与人相处。在与人相处中，要想得到别人的信任、尊重，首先自己要去关心别人、尊重别人。人的感情是互动的，只有相互尊重，才能融洽关系，增进友谊。

是啊，要想别人尊重你，首先要学会尊重别人，予人玫瑰，手留余香。这尊重，也许只是给予在困境中痛苦挣扎的友人一个鼓励的眼神；也许只是递给在沙漠中艰难跋涉的旅者的一杯清淡的香茗；也许只是送给异乡孤独的游子的一个解渴的苹果；也许只是在接过老师发给你的试卷时的一个腼腆的微笑……就像是一缕春风、一泓清泉、一颗给人温暖的舒心丸、一剂催人奋进的强心剂。

诸此种种，我想说："尊重是一种修为，是一种美德。尊重别人，就是善待自己。"

这，就是智慧的生存之道。

关乎学生成长

尊重能让孩子懂得包容和爱

据《大梵天王问佛决疑经》记载，有一次大梵天王在灵鹫山上请佛祖释迦牟尼说法。大梵天王率众人把一朵金婆罗花献给佛祖，隆重行礼之后大家退坐一旁。佛祖拈起一朵金婆罗花，仪态安详，却一句话也不说。大家都不明白他的意思，面面相觑，唯有摩诃迦叶破颜轻轻一笑。佛祖当即宣布："我有普照宇宙、包含万有的精深佛法，熄灭生死、超脱轮回的奥妙心法，能够摆脱一切虚假表相修成正果，其中妙处难以言说。我不立文字，以心传心，于教外别传一宗，现在传给摩诃迦叶。"然后把平素所用的金缕袈裟和钵盂授予迦叶。中国禅宗把摩诃迦叶列为"西天第一代祖师"。

这便是佛陀"拈花一笑"的由来。世人皆道，佛祖所传乃是一种至为祥和、

第一部分 品质

宁静、安闲、美妙的心境，这种与禅意相通的心境纯净无染，淡然豁达，是为"涅槃"之境。

的确，这一番佛理字字入骨，句句入髓，可是，当我们欢喜顿悟、静心反思时，是否会不解："为何佛祖能从一朵花中感悟良多呢？"是了，这便是我们这节要讲的"尊重"二字。

世间万物皆有生气，同样具有"喜、怒、哀、怨、嗔"这世情五态，佛祖不以一朵花之小，本着一颗平等尊重之心，获得了与花的心意相通之感，最终了悟其中禅道。其实，这"道"，发展至今，就是我们通常所说的"爱"。只有当我们学会了尊重，才会懂得爱的真意。也许，这就是"一花一世界，一叶一菩提"所要表达的内涵。

"尊重"一词流传至今，在无数圣人贤士的精加工制造中，也让我们逐渐懂得了不仅要尊重自然，还要尊重父母、长辈，尊重我们身边的每一人或事或物，这样，爱才会在尊重中弥漫出沁人心脾的菩提之香。

标向一：自然

美国诗人华兹曾说过："一朵微小的花对于我，可以唤起不能用眼泪表达出的那样深的心思。"由此可见，自然万物都是富有生命和内涵的，它们能告知我们很多奥妙的人生哲理，而这道沟通的桥梁正是由尊重支撑的。

当我们学会尊重自然万物时，才会听懂它们的言语，随时与山河大地融合在一起，和大自然的脉搏一起跳动。春来任它百花开，秋天任它黄叶飘。在翠竹黄花中蕴含无数的般若，在山河大地中可以看到不造作的实相，何等放旷、何等悠哉；那乘虚物外、落落独往、芳韵孤清的写意，是人间极乐！

也唯有在凝视天地万物之美、心物合一时，我们才能超越自我，内心里所有的糟粕与渣滓，才得以在大自然的清流里漱洗、净化，心灵也因此不断提升……而古人所讲的"吐纳"之学也不外如是。

法国学者史怀泽说："当一个人把植物和动物的生命看得与他的生命同样重要的时候，他才是一个真正有道德的人。"哲学家海德格尔认为："人不是自然和大地的主宰者，只是它们的维护者，人应该和动物、植物平等相处。"这两位学者的经典语录，都体现了一种崇高的精神品质，就是对生命的尊重和敬畏。只有当我们用平等的眼光去看待所有生命，对它们给予尊重和爱护，世界才会在我们面前呈现出它的无限生机。对所有生命常怀敬畏之心，我们才会感受到生命的高贵与美丽。

学会尊重自然，人才会懂得大自然赋予我们的"爱"。

标向二：人性的温暖

在西伯利亚的一些地方，出于对流放者的关怀，一直延续着这样一个风俗：他们夜间在窗台上放些面包、牛奶或清凉饮料"克瓦斯"，如果有流放者夜间逃走路过这里，饥寒交迫，又不敢敲门进屋，就可以随意取食，以渡难关。

面对这样的故事，我禁不住潸然泪下，这世上，总有一些人让我们心怀感动，他们不会对贫贱者的出身或地位鄙夷不屑，而是以一颗真诚的尊重之心相待。食物、金钱固然能为贫贱者带来生存的温暖，但我想，对于这些人来说，"尊重"才是支撑他们继续活下去的能量之源吧！

标向三：爱情

"爱情"对于每一个孩子来说，永远是一个敏感的话题，许多家长老师在教育孩子的时候总是会刻意忽略这一点。但随着网络、影视、杂志等各种传媒技术的发展，孩子们对"爱情"一词的接触越来越早，心中也越来越充满了好奇。于是，早恋现象如繁花盛开，追随时代的脚步应运而生了。而这常常让很多的家长、老师头疼不已，"棒打鸳鸯"、"强行拆散"只会让孩子们的反抗精神越挫越勇，对于这样的结果，我们应该在心痛难过之余好好反思审视它，换一个角度去正确对待。

对此，亲爱的孩子们，我想写封信告诉你们：

孩子，你们要懂得尊重爱情，真正的爱有时并非两个人的童话结局，放手是一种爱。细细品味"人生若只如初见"这一句至情之语，也许你会发现真正想得到的不过是最初的那份怦然心动。孩子，未来的路还很长很长，只有当你懂得尊重爱情时，才会领悟到爱情的真谛。

孩子，若有一天，你喜欢上了一个女孩（男孩），我不会阻止你，毕竟欢喜难得。但我想告诉你，千万不要因为这份喜欢而迷失了自己，荒废了学业。你可以保留这份感情，但我希望它能在你学业未满之时暂且埋在心底，或是由你们两个人一起来守护。感情只有历经时间的磨炼，才会酝酿出真爱的芬芳。若他（她）不愿，那么这个人不是你可以将真心托付的良人；若他（她）愿意，

那么，老师恭喜你，并真心祝福未来的你们能执子之手，与子偕老。

尊重能促使学生迈向成功的殿堂

尊重，在我们的日常生活中经常被使用。看见老师，礼貌说声"老师好"；公交车上，主动为爷爷奶奶让座；遇到街边行讨的乞丐，向他们抱以真诚一笑，并慷慨相助……这样的例子还有很多，事实上，我们可以看到，"尊重"已经被生活赋予了更多的涵义，逐渐化身为"与人方便，与己方便"的代言人，而这种转变正是促使我们获得成功的关键所在。

据说在非洲大陆上有一种甜瓜，它的滋味十分迎合土豚的口味，是土豚的最爱。然而，土豚并不是吃了甜瓜之后拍拍屁股就走，它把自己吃了甜瓜后拉下的粪便用泥土埋起来。因为粪便中有未消化的甜瓜籽，土豚就这样"种"下了很多甜瓜。那些种子有土也有肥，来年便结出更多的甜瓜，土豚于是就有了更多的食物。土豚和甜瓜互利互惠，彼此都得以繁衍生息下去。

你看，土豚在自己吃饱喝足之余还不忘种下更多的甜瓜籽，这种对甜瓜繁衍生息的尊重让它自己也得以继续生存下去。

历史上，因为铁是强力的象征，所以在人类的文明史或杀戮史上，铁匠比国王的作用更大，一个小小的马镫便能带来版图的延伸，《圣经·旧约》上就有说："以色列全地没有一个铁匠。因为非利士人说，恐怕希伯来人来制造刀枪。"于是，在非洲，冶铁就成了宗教仪式的中心。安哥拉人在冶炼时，巫师把神树之皮、毒药等放入灶穴，当拉风箱的人开始工作时，伴有歌唱、舞蹈和羚羊的粗野音调。在苏丹西部，铁匠像祭师一样得到国王的保护；在布里亚特，铁匠被视作神的儿子，像骑士一样无比光荣。

通过这段古老的人类史，我们看到了"尊重"在铁匠与国家兴亡之间的紧密联系，因为尊重，双方获益良多。可见，尊重不仅可以作为一种社会道德标志，还能成为迈向成功之路的阶梯。

 阶段二：培养

尊重隐私，给孩子一个独立的空间

每个小孩都有属于自己的小秘密，比如喜欢上了某个女孩（男孩），比如今天偷偷拿了同桌的新款游戏机，比如瞒着父母去听了一场演唱会……有时候，这些小秘密积累得多了，就想找个方式倾泻出来，于是，多数孩子选择了日记，而读者也希望永远只有自己一个。可是，有很多的家长出于爱子心切，他们一方面想要与孩子沟通，另一方面却又无法跨越代沟的界线，于是，试图从日记里寻找答案便成了普遍现象。当然，可想而知，这样做的结局必然是惨痛的，父母的一次次"偷窥"只能激发孩子的逆反心理，从最初的声嘶竭力到后来的沉默不语，以冷漠对抗一切，从心底"怨恨"父母，并且附带着很多负面情绪，离他们越来越远，最后直接演化成"不尊重"。这样的现象屡见不鲜，让很多为人父母者心痛却又无奈着。

嫣然喜欢写日记，从小学时每周写一篇到现在每天写一篇，可是有一段时间父母发现，女儿有很长一段时间每天细心地把抽屉锁上。很显然，一定是有什么秘密不愿让父母知道。会不会是早恋？为了及早地了解孩子的想法，有一天趁孩子不在，妈妈终于费力找出了孩子的日记。看了女儿在日记中一些喜欢男生的想法，真是大惊失色。一天，妈妈想跟女儿说些什么，可是欲言又止。女儿见状，想到自己的日记摆放的位置似有变化，忽然想到是不是妈妈翻看了自己的日记，于是非常生气，就跟妈妈吵了起来。妈妈不想承认，可是已经晚了。从此，女儿不再愿意和父母讲话，一写作业就把门锁上。

这样的状况我相信很多家长孩子都遇到过，那么，究竟该如何解决呢？

心理专家杨子分析：

最好不要偷看孩子的日记。

首先，孩子到了青春期自我意识开始增强。比如说他把日记上锁或者把自己的抽屉上锁，就表示他长大了，他需要一个私密的空间保留自我的内心世界，这是他成长的需求，父母应该尊重他们的需求。如果一个孩子到了十四五岁还没有这样的需求，我们会认为他的自我意识的发育可能有延迟的状况。父母要保护孩子这样的自我意识，并应感到欣喜。

青少年在日记里的话都是内心深层的东西，有时是瞬间的并非理性的思维，父母不要以自己的价值观来评判是与非，应该尊重他们的想法。其实，青少年这个阶段的思维活动大多是比较感性、比较自我中心的思维过程，或者叫"情绪体验"。这种情绪体验只是一种情绪思维，并不要全部当真。比如说十五六岁很狂妄，藐视权威，也可能盲目崇拜权威，或者对异性比较感兴趣等等，肯定很不成熟。但他们写在日记里只是在做内心的释放。父母如果不能够理解这个阶段孩子的心理特点，最好不要看，否则，只会徒增烦恼与担忧。弄不好还会破坏亲子关系，影响彼此的信任感，得不偿失。

解决方法：

如果孩子发现了父母偷看他们的日记，做父母的要向孩子诚恳地道歉。因为日记是孩子的隐私，孩子有保护自己隐私的权利。

其实，家长看孩子的日记，最担心的还是孩子的"早恋"。如果家长在日记里发现孩子早恋，最好不要横加指责，而是引导孩子把它当作促进两人互相鼓励、共同进步的资源。

再次，父母要清楚偷看孩子的日记并不是了解孩子的最佳途径，只有从尊重孩子的观念出发，做孩子的知心朋友，创建良好的亲子关系才能真正走进孩子的内心，了解孩子内心真实的想法，才能真正对孩子的健康成长有所帮助。

——摘自《青少年常见心理问题119个案剖析》，略有改动

由此可见，尊重对于家庭关系的和谐有着至关重要的作用。

平等对待

据很多研究调查表明，随着社会经济生活环境的不断发展变化，孩子的心智成熟界限逐渐倾向于"年轻化"，即越来越早熟。而这种心智早熟的结果也让他们迫切地希望父母不要总是把自己当作小孩子来对待，迫切地渴望得到更多成年人的"专利"，上文中我们所讲的"隐私权"就是其中一项。

人本来就是群居动物，需要社会，需要与人交往。处于"心理断乳期"的青少年，强烈要求有自己的成长空间，希望别人把他们当作成人对待。如果这时老师和父母还把他们当成孩子，就会引起他们的厌烦，产生对抗心理。所以，要学会对孩子的正确引导。

国际知名幼儿教育品牌艾毅幼儿园一直以来秉持多元智能理论。这一理论最早由美国哈佛教育学院教授霍华德·加德纳博士创立，指出人类主要有八大智能，包括语言智能、数学逻辑智能、空间智能、身体运动智能、音乐智能、人际智能、自我认知智能、自然认知智能，并且每个人都拥有不同的智能优势组合。近三十年来该理论已经广泛应用于欧美国家和亚洲许多国家的幼儿教育上，并且获得了极大的成功。

多元智能理论的提出，是希望家长们都能将这个理论作为一种工具，在平等关系的基础上，更加全面地了解自己的孩子，更好地尊重自己的孩子，帮助孩子更具个性地发展。每个孩子都有自己闪光点，父母要善于发现自己的孩子在哪方面更有优势，着力发展孩子的优势方面。这样不仅能有效地培养孩子的综合素质发展，更关键的是能让孩子在愉悦、快乐的氛围中得到成长，成为有自信、懂选择、爱生活的人。

所以，家长对孩子真正的尊重，不应只是出于"爱"的情感，更应该出于一种平等的理念。

小雅的父母最近打算买套新房子，可是房价很高，每个月都要偿还一笔贷款，妈妈把这件事告诉了小雅，并让她以后要学着节约，不要乱花钱，家长以后恐怕不会再买很多好看的衣服和玩具给她了。

小雅觉得妈妈将她看作了"小大人"，感受到父母对她的尊重，就表示理解和支持妈妈，还跑到卧室里拿出自己的储钱罐交给妈妈，让妈妈去还钱。

第一部分 品质

妈妈看到孩子这么懂事，觉得很欣慰。

在以后的日子里，小雅自觉地节省花钱，还主动帮助妈妈做家务，从不要求妈妈为她买什么昂贵的东西。

可见，在这种平等基础上建立起来的尊重更有利于培养孩子的品格。因此，每一位父母都应当与孩子平等相处，在相互尊重的氛围中创造良好的家庭关系。

善于倾听孩子的心声

作为一名长期从事教育研究的工作者，我非常理解天下所有父母那种望子成龙、望女成凤的热切心理，特别是在竞争如此激烈、压力如此强大的今天，他们都希望能把自己的孩子培养成一个各方面都出众的全才，认为这样才算是对孩子负责，对自己负责。于是，有很多的家长总是把自己的想法强加在孩子身上，无论任何事，都希望他们能按照自己的计划执行。可是，这些都是孩子想要的吗？父母知道自己的孩子内心是怎么想的吗？为什么孩子不愿意与自己沟通呢？

"知心姐姐"教育服务中心就曾以"倾听孩子心声"为主题对10省市两万余名中小学生进行了一次问卷调查，结果显示，七成以上中小学生想说心里话时，首选倾诉对象不是父母。

49.56%的中小学生最想对关系好的同学、好朋友说心里话；只有26.73%的中小学生最想跟父母倾诉心里话，特别值得注意的是，这一比例随着孩子的年龄增长而呈现逐渐下降的趋势。

由此看出，孩子年龄越大，对父母在精神上的需求程度越低，自主意识越强。孩子逐渐成长的过程，就是在精神需求上不断远离父母的过程。此外，还有13.84%的中小学生选择把心里话埋在心里，5.61%的孩子选择跟网友倾诉。

而在倾诉方式上，面对面聊天这种较为常规的方式并不占绝对优势，仅在孩子喜欢的倾诉方式中占到38.92%的比例，其次是写日记（包括写网络日志），占调查数的19.94%，紧随其后的是网上聊天及没人的时候自言自语，分别占调查数的17.44%和15.50%。调查报告就此分析说，显然，这四种方式中只有面对面聊天是父母常用的，而好朋友和同学则要灵活得多，网上聊天、在博客空间里留言，都是很常用的交流方式。这也在客观上造成了孩子有了心里话会首选同学、好朋友的现状。

——摘自 2010 年《光明日报》

事后，有人对这些孩子进行了一个随机采访，孩子们普遍反应"妈妈只关心我的学习，对别的方面都不关心"；"不管跟爸妈聊什么，最后总会落到学习上"，面对孩子们这样的表达，不知为人父母的作何感想。

那么为什么会出现这样的情况呢？有关专家指出，这是因为学习几乎成了孩子生活的全部，主宰着孩子的快乐与痛苦。此外，一些父母对孩子学习的关注又存在着态度和方法上的错误，关注的点不对、关注的方式粗暴，使得这样的关注变成了一种压力和伤害，迫使一些孩子想就学习问题跟父母倾诉自己的意见。而父母对孩子在学习上的过度关注和不当关注，又必然造成对孩子其他成长问题上的忽视甚至漠视。孩子与父母之间，缺乏一种对等的、宽松的、畅通的倾诉环境。

想起早些年看过的日本作家黑柳彻子写的《窗边的小豆豆》，十分喜欢文中的小林先生，他本着一颗爱孩子的心，创办了快乐的巴学园：在这里，校门是葱葱郁郁的大树；在这里，教室是一节节奇特的电车；在这里，孩子便是学校真正的主人；这里的一切，都是为了迎合孩子的童趣而创造出来的。不仅如此，让我印象更为深刻的是，第一次见面，校长可以认真倾听孩子的谈话连续四个小时，让小豆豆生出了"生平第一次遇到了真正喜欢自己的人，能和这个人永远在一起就好了"的感觉，读到此处，我不禁热泪盈眶，这是一个孩子最真实的心声，渴望着被关注、渴望着被接受、渴望着被倾听。想来，小林先生的这种教育方式的确值得我们思考和学习。

由此，我们看到倾听孩子的心声是多么的重要啊。在这里，我想对普天下的父母、老师们说一句："不要以爱之名束缚了孩子，请多听一听他们内心真实的想法，给他们一个自由飞翔的海阔天空吧！"

第一部分 品质

温馨贴士：

听，他们在"说"些什么。

心理治疗法——一视同仁

人活一世，实属不易，面对红尘中那么多的纷纷扰扰，难免会心生惫懒之意，很多人都被人际交往的牢笼深深困住，想要跳出却又不得其法，于是，苦恼、抑郁蜂拥而至，生活也逐渐失去了光彩。

"人际交往"病例报告：

病症：我们常常能原谅一贯犯错误的人，却不会原谅偶尔犯一次错误的人。从来不会向你说好话的人，偶尔一句好话会让你激动不已。惯于对你顺言顺耳说好话的人，偶尔一句恶语会让你愤怒万分。

治愈法：采用"一视同仁"的心理治疗法。

临床验证：在我国的拉萨，每年过年也有一项布施的内容，那就是到街头布施穷人。穷人成排地站着，众多布施者拿着零钱一路分过去。有一个布施者钱分得差不多了，就专挑那些看着顺眼的求乞者分，而那些看着不喜欢的人，就被跳过去了。这时，藏族的另一位同行者告诫这个布施者，不能这样歧视其他的求乞者，因为拉萨的月光照在每个人的身上。

功效：每一位布施者在施舍的同时也保存了被布施者的尊严，这种做法使双方都得到了尊重，产生了很好的社会影响。

社会评价：周国平先生在《读圣经札记》写道：十分赞同耶稣所提倡的"爱朋友，爱仇敌"的训世语，"因为，天父使太阳照好人，也同样照坏人；降雨给行善的，也给作恶的。假如你们只爱那些爱你们的人，上帝又何必奖赏你们呢？……你们要完全，正像你们的天父是完全的"。在这段话中，他读到了一种真正博大的爱的精神。这种精神就是我们所说的"一视同仁"。

由此可见，"一视同仁"心理疗效法无论从功效或是社会评价上都取得了很大的成功，希望更多的人能采用此方法早日康复。

当今社会在注重培养孩子各方面全面发展的同时，却往往忽略了一个最基准的教育，那就是对孩子的礼节和礼仪的教育，这也是导致当今孩子缺乏爱心，不懂尊重、不会感恩的一个最基本的原因。

在家庭当中，每一个做家长的应该本着为了孩子的未来着想的目的，从生活当中的细节做起，用自己的言行去影响教育孩子。在平时要有意识地向孩子强调注重个人礼仪的重要性，养成孩子自觉规范的习惯。

★仪容仪表

仪容，通常是指人的外观、外貌。在人际交往中，每个人的仪容都会引起交往对象的特别关注。并将影响到对方对自己的整体评价，同时这也是尊重对方的基本要素。在孩子的个人仪表问题中，应注意以下几点：

保持面部清爽；

勤洗澡、勤洗头、勤剪指甲；

早晚刷牙，饭后漱口，注意口腔卫生；

衣着要整洁、干净、得体。

★言谈措辞

语言，是人类发展至今最神奇的一项创造，能轻易触动人的每一条感官神经，引起诸如喜悦、兴奋、愤怒、恼恨、哀伤、忧愁等情绪，同时，它在人际交往方面也起着非常重要的作用，能获得别人的尊重。

孩子要在日常生活中自觉养成文明用语的好习惯，如见到长辈说"您好"、得到别人帮助说"谢谢"，给他人造成麻烦说"对不起"等。

★表情神态

与人交谈时，要表现出对他人的尊重、理解和善意，并时常保持微笑，千万不要做出任何不良动作。

★行为举止

举止行为、姿态风度的美称为行为美，它是心灵美的直接体现。培养孩子的行为美是家庭教育的内容之一。英国哲学家培根在《论美》中写道：仔

第一部分 品质

细分析起来，形体之美要胜于颜色之美；而优雅行为之美又胜形体之美；优雅适度的动作美才是美的精华，是绘画所无法表现出来的。

父母应主要从站、坐、行以及神态、动作方面对孩子提出要求。例如，优美的站立姿态要求：身体直立、挺胸收腹、脚尖稍向外呈 V 字形；要避免无精打采、耸肩、塌腰，千万不能半躺半坐；走路要昂首挺胸，肩膀自然摆动，步速适中，防止八字脚、摇摇晃晃，或者扭捏碎步等。

——摘自《男孩来自火星，女孩来自金星》，有改动

 温馨贴士：

规范自己，在尊重中赢得被尊重。

第二部分　生活

（一）培养孩子自我管理的习惯

阶段一：认识

自我管理从小做起

专注的玛妮雅

几百年前，波兰有个叫玛妮雅的小姑娘，学习非常专心。不管周围怎么吵闹，都分散不了她的注意力。一次，玛妮雅在做功课，她姐姐和同学在她面前唱歌、跳舞、做游戏。玛妮雅就像没看见一样，在一旁专心地看书。

姐姐和同学想试探她一下。她们悄悄地在玛妮雅身后搭起几张凳子，只要玛妮雅一动，凳子就会倒下来。时间一分一秒地过去了，玛妮雅读完了一本书，凳子仍然竖在那儿。

从此姐姐和同学再也不逼她了，而且像玛妮雅一样专心读书，认真学习。玛妮雅长大以后，成为一个伟大的科学家。她就是居里夫人。

凡是成为对社会、国家乃至世界有巨大贡献的名人，小时候总是经过一番刻苦努力的。这种努力，不是被父母、老师、学校所逼迫，而是当时他们身上特有的一种能力和习惯——自我管理。

或许很多大人都认为孩子们都没有什么自觉性，更何谈自我管理。在大多数人看来，自我管理应该是对成年人的要求才是，若对未成年的孩子们如此要求，似乎显得有点严苛了。

其实不然，日后的成就是与小时候的自我管理能力和习惯休戚相关的。

读书给了他光明

唐汝洵生下来的时候是很聪明的，3岁的时候，他哥哥就教他认识了好几百个字，读了好几本书。可是他在5岁那年，却不幸出了天花。后来，病虽然好了，可是两只眼睛却失去了光明，成了瞎子。起初，唐汝洵非常痛苦。过了一些时候，他的心安定下来了，心想：只要我有坚强的意志，两眼看不见也照样能学习。于是，每逢哥哥读书的时候，他就坐在旁边用心地听，把听到的文章和诗一字一句地记在心里。唐汝洵还想了些别的办法加强记忆。他依照古人结绳记事的办法，在绳子上打上各种各样的结儿来代表诗句，他还用刀子在木板或者竹片上刻出各种各样的刀痕来代表文字。哥哥不在家的时候，他就摸着这些绳结和刀痕，大声地朗读。唐汝洵用这些办法读了不少书，记住了不少诗。后来，他就学着作诗。作诗的时候，如果有人在身边，他就念出来，请人家帮他写在纸上；如果没有人帮他写，他就用结绳和刻刀痕的办法把诗记下来，然后再请人写到纸上。

唐汝洵就是用这样的办法，作了将近1000多首诗，成了一个闻名天下的诗人。他刻苦学习，发愤成才的精神是多么值得我们学习。

可见，古今中外，日后能成就一番事业的伟人们，自我管理的习惯是根植于他们的思想与灵魂的。

自我管理，要从娃娃抓起。现代社会的孩子们，尤其90后、00后，他们面对的现世诱惑颇多：电子或者网络游戏、色情影视……轻者，抽烟喝酒、打架斗殴，危害自己和他人的身体；重者，吸毒，危害自己和家人的安全，更有甚者，触犯法律，做出偷鸡摸狗的事情。在这些形形色色的诱惑下，家长对孩子们的表现，表示很无奈，学校也表示心有余而力不足。因为他们谁都不可能与孩子形影不离，并随时随地教导他们，以免误入歧途。于是，我们真心呼吁要提高学生的自我管理能力，这种能力不仅可以减轻父母和学校的负担与责任，同时更让学生有自主意识，自我成长起来。

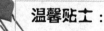

温馨贴士：

　　自我管理、管理自我，是每一个优秀的孩子都应该努力追求的。它是一种孝心——减轻父母要时刻监督自己的压力，亦是一种能力——老师以及学校都欢迎这样的孩子作为他们的学生。请从现在开始努力管理自我吧！不要把它推到父母和老师身上了哦！

沉迷于网络游戏的世界，断送了多少青少年的未来

　　根据相关数据，目前，我国"网瘾少年"规模达到400万人。青少年"网络成瘾"已成为困扰无数家庭和学校的一大社会问题。网络游戏是青少年的精神避难所，青少年在现实生活中碰到了太多的困难和问题，他们无法解决，只好沉迷网络，以逃避现实，并从网络中获得成就感。他们夜不归宿，夜以继日地"奋战"、"厮杀"在网吧，不管不顾家长、老师、同学们的劝阻。

　　而残忍的社会在整个过程中却充当了刽子手的角色，因为这些不正规网吧的设立便是最不应该出现的。社会对它们的姑息让青少年越发肆无忌惮，放纵自我。网吧老板都是出于敛财的目的，门口赫然讽刺性地写着：未成年人禁止入内，而事实上都是做给例行检查的相关政府部门看的。你们也有孩子，如果你的孩子也和这般孩子一样，随意出入网吧，作为父母的你会否有心寒、心痛之感。将心比心，可怜天下父母心。

　　虽说，青少年上网成瘾与学校教育、社会环境尤其是与家庭教育有直接关系，戒除网瘾应从青少年的心理和家长的家庭教育入手。但是，最有效的方式就是学生本身形成自我管理的习惯。从小远离网络游戏，小玩怡情，一些益智类的游戏的开发本身就是为开发孩子们的智力，锻炼他们的反应能力。父母应该鼓励孩子在业余的时间多接触这类游戏，一来缓解孩子的课业压力，让他们能动动手，动动脑，好好放松放松。二来这是一个大好的机会，来加

第二部分　生活

强父母和孩子沟通和交流的互动，拉近彼此间的距离。但是切记，大玩伤身。过分沉迷于游戏，不仅不利于平时学习的有效进行，同时会损坏孩子的视力，在电脑前坐太久会对健康造成极大的危害，同时网络上的一些污秽事物也会迷乱孩子们的双眼，使孩子们坠入无法自拔的深渊。

玩，也是孩子自我管理的一种体现

玩是孩子的天性。著名教育家黄全愈，在他的卖座作品《玩的教育在美国》中自始至终给我们灌输了这样一个理念，那就是——"要让孩子有玩的时间，孩子们要学会玩。玩，是孩子发现自我的桥梁；玩，是孩子必需的成长维生素；玩，是孩子走进社会的模拟训练场……"

而我自己认为，玩同时也是孩子自我管理的一种表现。我们不得不承认，小时候会玩的，看起来十分调皮、难管理的孩子都被公认为是聪明伶俐的孩子。他们不受家长、学校的约束，那是因为他们中的有些孩子在进行自我管理，虽然有时候这种管理可能太以自我为中心。

玩什么，怎么玩，都是孩子和家长需要思考的问题。有的孩子喜欢运动，例如玩滑板、篮球、足球、羽毛球、乒乓球、游泳……需要耗费体力，但能达到增强身体素质、提高免疫力、四肢协调性与身体灵活性的效果；有的孩子好奇心旺盛，喜欢观察事物，喜欢做实验并进行探索。

自我管理体现在整个过程中。比如，进行一场篮球比赛，需要孩子的组织性、调动伙伴的积极性、团结协作的能力等，这在孩子成长过程中是必不可少的一些能力，对日后参加工作、进入社会都有巨大帮助。所以这类活动都是有积极正面意义的自我管理。

而与此同时，有的孩子对dota、三国杀、CS大型网络游戏入迷，有些孩子对这类游戏，甚至比成年人更擅长。其实，这可以理解成一种消极的自我管理。这些孩子，可能与人在现实中产生矛盾纠纷，而在网络虚拟世界可以避免这类问题，于是乎沉浸在自己的游戏王国不愿回到无法坦然面对的现实生活中。这是种心理缺陷。这类孩子的自我管理都偏离了正常轨道，对这一问题，学校和家长应该及时、积极、准确地引导孩子。

不管孩子玩什么，玩的意义一定要凸显出来。不要为了纯粹地玩而玩，那样伤身伤神。而要为了学到些知识、技能，提高自身能力而玩。学生们或许还不理解，但是父母们应该让他们知道。

自我管理等同于自觉性吗

自觉性，字典上解释为：个体自觉自愿地执行或追求整体长远目标任务的程度，其外在表现为热情、兴趣等，内在表现为责任心、职责意识等等。

在我看来，自我管理包含着自觉之意。所谓自我管理，就是指个体对自己本身，对自己的目标、思想、心理和行为等等表现进行的管理，自己把自己组织起来，自己管理自己，自己约束自己，自己激励自己。可见，自我管理包含自觉性的内容。

学生在学校听课，回家完成作业，行人、车辆遵守交通规则等都是自觉性的体现。它需要你有比较好的克制力。而考试不作弊，课后独立完成家庭作业，公交车上为老弱病残孕让座，就是自我管理的表现，因为它涉及自己约束自己、管理自我、激励自我等机制，需要的是更强的意志力和自我约束能力。

温馨贴士：

自我管理中，最重要的是意志品质的培养，它是滋润我们成长的养料。

将两者做联系，我们不难会发现，自觉性其实是非意识性的行为，它受你之前已形成的认识和习惯的影响。如果你从小被灌输：过马路要红灯停、绿灯行！那么你长大以后也会遵照交通规则来，因为它已经在你的意识里根深蒂固，当你过马路时，会不假思索地照着老师、父母、社会告知的那样做。而自我管理，更强调的是个人的意志品质。面对各种诱惑时的抵抗力以及遭遇困难、挫折时表现出来的态度，这都是判断一个人自我管理能力的衡量标准。

培养孩子们自我管理的习惯，首先要求提高其自觉性，然后才是增强意志品质的培养，加深对他的行为的影响，从而才能提高其自我管理能力。

第二部分　生活

⏰阶段二：培养

　　哈尔滨师范大学毕业的刘扬，在前不久编著了一本名为《培养卓越孩子的100个自我管理寓言》，在这本书中，依据权威科学理论，把对孩子的自我管理能力训练系统地划分为8个部分：管理自我、管理品行、管理学习、管理前途、管理才能、管理态度、管理挫折和管理人际关系。我比较认同这种细致的划分。下面将从我的角度，重点分析管理自我、管理品行、管理前途、管理态度、管理挫折和管理人际关系的具体内涵。

✏ 管理自我

　　管理自我，其实是一种意识。柏拉图曾说：认识你自己。连如此伟大的思想家、哲学家都认为认识自我是极其重要，同时也是十分困难的事情，更何况我们！所以，管理自我，首先是要认识自我。你对你自己很了解吗？

　　意大利画家莫迪里阿尼的肖像画有一个突出特点，就是许多成人只有一只眼睛，当别人问他是何用意时，他的回答耐人深思："这是因为我用一只眼睛观察周围的世界，用另一只眼睛审视自己。"人最大的劣根性是双眼都用来盯别人，而难以自检。留一只明亮清醒的眼睛看看自己，那该是清者更清，浊者也不浊了。

　　德国著名的作曲家理查德·瓦格纳是一个长得极丑陋的男人，身材矮小，脑袋大得出奇，体弱多病，穷困异常。然而他却觉得自己是世界上最伟大的人，自诩是最杰出的戏剧家、思想家和作曲家，甚至自比莎士比亚、柏拉图和贝多芬。

　　一个不懂得自尊自爱的人，也将很难得到别人的尊重与喜爱。相信自己，尊重自己，我们才会感受到生活的快乐。人无完人，我们每个人身上都有这样那样的缺点或不足，能够认识自己，勇于接受自己，才能造就一个完美的人生。古人们常常进行自省，孔夫子老人家常道："吾日三省乎吾身，为人谋而不忠乎？与朋友交而不信乎？传不习乎？"我们总喜欢用挑剔的目光看待一切，喜欢把自己的意愿强加给别人，却很少反省自我。

所以，要想改变世界就要从改变自我做起，要想影响他人首先要完善自己。认识自我是我们一生应该追逐的永恒的话题，因为不同时期的我们或许会有不同的个性特征生根发芽、枝繁叶茂，要时而梳理它们，才不会被随意生长的藤蔓缠绕得无法呼吸，导致无法生存。没有自知，何谈自治，何谈自我管理！

管理品行

美德是勇敢的，善良从来无所畏惧。——英国剧作家 莎士比亚

品行，人性之花

品行即操行，指人品德行。《史记·伯夷列传论》："操行不轨，专犯忌讳，而终身逸乐，富厚累世不绝。"唐代韩愈《遣疟鬼》诗："不修其操行，贱薄似汝稀。"宋朝范公偁《过庭录》："为人古直有操行。"清朝时期的纳兰性德《渌水亭杂识》卷二："凡此诸人，虽其学业、操行参差不齐，要皆天民之秀，有用于世者也。"看来，品行是古代文人墨客追求的人生目标之一。品行良好的人会受到人们的尊敬和社会的推崇。

"出淤泥而不染，濯清涟而不妖"，是一种自尊自爱的品行；"满招损，谦受益"，是一种谦卑的品行；"吾日三省吾身"，是一种自省的品行；"两袖清风，一身正气"，是一种清廉的品行。

品行亦是一种道德，美国作家海明威如是说："我只知道所谓道德是指你事后觉得好的东西，所谓不道德是指你事后觉得不好的东西。"道德高尚的人们总是心胸宽广、为人坦荡。而缺乏道德的人，总是心胸狭窄，"贼眉鼠眼"。

一、学校的培养

国内的学校现今越来越重视孩子品行和道德的培养，除了开设思想品德教育课、德育课，各个学校在学生考核上，也逐渐把学生的品行列入考核标准里。近两年推优招生中出现了一个可喜的现象，那就是不少初中学校将"为他人服务"等社会实践活动，作为考核学生是否具备推荐资格的重要标准之一。在考核过程中，除了学业成绩，学校主要考查学生是否乐意为他人服务，包括了担任班干部、课代表，参与公益服务和社会实践等。

"考核不光是看他是否去做，更要看他做的次数、质量，以及其他人对学

第二部分 生活

生的认同度。"通常社会实践分为两种：一种是学校组织的，比如每年假期的阳光之家、敬老院探望等；另一种是学生自发组织的活动，包括学生义卖等。

同样，上海虹口区继光初级中学几年前就推出了"社会公益挂钩中考推荐"的政策。不仅学期末学生评语要参照学生的"公益劳动服务卡"上的社区服务记录，4年内社区服务未满时的学生将无缘被推荐升入重点高中。只有完成60小时定额的学生才能进入推荐直升重点中学的名单。而且"临时抱佛脚"行不通，学校在考核学生是否具有推荐资格的时候会看学生是不是长期坚持参加公益服务，即把60个小时合理分配到初中4年中，而那些希望在一个学期赶完公益活动定额的学生，其公益服务成绩将得不到承认。

越来越多的高中已从单一地考察学生的学业以及竞赛成果转变为提出综合素质的多元化要求。××学校表示："学校把学生品行作为最重要的考核指标之一，也是希望学生要学习学科知识，更要学习做人。"品行考核还包括了品德、同学关系等多方面。推荐的学生名单全校公示前还会经初三所有科目任课老师的认可。"任课老师是和学生接触最多的人，评价也会更客观和公正。"

二、家长的培养

有一则新闻，现摘录如下：

弟弟生活在"好哥哥"的阴影中

林林和嘉嘉是一对双胞胎兄弟，出生时曾患有脑瘫的哥哥林林治疗后虽然没有影响智力，却有运动性障碍，弟弟嘉嘉则一直健康。由于林林和嘉嘉自小身体情况不同，李女士夫妇总会不自觉地对林林多一些照顾，并对嘉嘉相对严格要求。每次，嘉嘉一顽皮捣蛋，家人大多会以哥哥林林的乖巧做榜样对嘉嘉提出批评。

随着两兄弟渐渐长大，李女士发现已经13岁的嘉嘉越来越叛逆调皮。"不知道从什么时候开始，嘉嘉考试不及格已是家常便饭，上课爱捣乱，不听讲，还老是惹是生非。"李女士说，嘉嘉最近更是和学校里的不良学生一起到学校附近的小卖部偷东西，批评他也不听，甚至还朝家人嚷烦。

害怕嘉嘉的行为越来越极端，昨日，李女士带嘉嘉前往长沙市中心医院儿童保健科门诊进行了专业的韦氏儿童智力自测。经测试，嘉嘉可能患上了轻微"注意缺陷多动障碍"、"学习障碍"和"品行障碍"。

"由于嘉嘉在生活中觉得父母关注林林较多，他希望得到父母同样的关注，于是产生逆反心理，企图通过逃学、盗窃等不符合道德规范和社会准则的行为来获得关注。"市中心医院儿童保健科胡尔林教授介绍，这种"品行障碍"进而又导致了嘉嘉的"学习障碍"和轻微"注意缺陷多动障碍"。"品行障碍"如今在中小学生中并不少见，超出了简单的学习适应不良或是青春期逆反，就很可能属于"品行障碍"的范畴。

"家人应降低对孩子的期望值，关键要了解孩子真实的处境和内心感受，尽一切可能让他感受到关怀和关注。"胡尔林建议，李女士可采取行为治疗法逐渐帮助孩子走出心理困境，日常生活中多使用表扬、惩罚、忽视等方式，关注嘉嘉的变化。其中，当嘉嘉按计划目标减少逃学和偷窃次数时，给予其喜爱的东西作为表扬的强化物；当没有按计划目标减少逃学和偷窃次数时，取消强化物作为惩罚；当嘉嘉认为逃学和偷窃能轻易获得父母的批评式关注时，忽视其行为以扭转其错误想法。

在这则报道中，我们可以发现这位家长在孩子的日常教育中，确实忽视了孩子对父母关注以及关怀的渴求。品行的培养无疑应该从孩子很小的时候就告诉他："别人的东西不能随便用、随便拿，要取得他人同意。"

管理前途

每个父母都望子成龙、望女成凤。他们中的很多人都过早地提前安排好了孩子们的未来。总把"你以后要成为……"挂在嘴边，似乎是将他们未完成的梦想寄托在下一代的身上，这显然是不公平的。孩子都有自己的想法，父母和老师应该多听听孩子的想法，尊重他们的选择。

我把中国的"富二代"分为两类，一类是：从小被灌输要子承父业，被剥夺了原本的兴趣爱好，被逼迫去接触和学习一些关乎企业管理和运作以及商业模式的知识。实际上，这样的父母有意识地抹杀了孩子的愿望，他们未来或许会被强行塑造成一个"子承父业"的典型。但是，他们并不开心，因为那样的生活并不是他们想要的。还有另一类"富二代"，他们仗着家里的钱

第二部分 生活

财和权势与地位,不学无术,玩世不恭,追逐名牌、名车,过着奢侈糜烂的生活。这样只能是主动断送自己的前途。

"自己的命运掌握在自己手中",从小父母、老师就这样教导我们。每个孩子心中都有一幅自己未来的蓝图。或者是救死扶伤的医生,或者是聪明严谨的科学家,甚至是糖果店的漂亮女老板等等。而且这些梦想是随着时间的推移、成长经历的丰富发生日新月异变化的。比如,我小时候想当一名宇航员,遨游太空,探索宇宙的奥秘。而长大后的我,却想当一名平凡的人民教师。关乎未来,我们的孩子有必要清楚自己将来要干什么、能干什么、现在应该做什么准备。

管理前途,是一个很难的课题,因为它涉及职业规划等问题。它需要学生、父母、学校三方面的配合。

成功是一种态度! ——皮尔

心态若改变,态度跟着改变;态度改变,习惯跟着改变;习惯改变,性格跟着改变;性格改变,人生就跟着改变。——马斯洛

世界如一面镜子:皱眉视之,它也皱眉看你;笑着对它,它也笑着看你。——塞缪尔

我可以拿走人的任何东西,但有一样东西不行,这就是在特定环境下选择自己的生活态度的自由。——弗兰克

态度决定成败,无论情况好坏,都要抱着积极的态度,莫让沮丧取代热心。生命可以价值极高,也可以一无是处,随你怎么去选择。——吉格斯

随着立场,就发生我们对于各种具体事物所采取的具体态度。比如说,歌颂呢,还是暴露呢? 这就是态度问题。——毛泽东

一个人的态度对他的行为具有指导性的或动力性的影响。——社会心理学

对个人讲,愿望就是比较永久不变的行为倾向。而态度是因环境的刺激而临时发生的。——社会心理学

上述如此多大家都谈到态度的深刻影响力以及态度对人生的重要意义。那么,孩子们要有怎样的态度呢? 积极乐观! 在下一个章节——《培养孩子

积极乐观的心态》会给出具体的答案。

管理挫折

要让孩子们在挫折中成长起来，不要惧怕他会受伤害。香港著名影星、歌星张柏芝，在谈起育儿经时，说道："Lucas 如果不小心摔倒，而且当时我不在他身旁，我绝对不会像大多数母亲那样，飞奔过去把孩子从地上扶起来。要让他自己爬起来然后站起来。这就是人生的经历，当你跌倒时，你唯一能做的是拍拍屁股重新站起来。"联系到她自己，她的人生也是经历了起起伏伏。从大红大紫到息影育人，逐渐淡出人们视线。再到现在的回归，我们发现除了依旧那样沙哑的声音外，她变得温柔了、淡然了、坦诚了。

遭遇挫折是人生中的必经之路。要告诉孩子，不怕挫折，只要挺一挺，勇敢地直视它，积极地解决它，那它很快就会过去，就如雨后出现的彩虹，会格外迷人。也让我们倍加珍惜平常生活的点点滴滴。

管理人际关系

人，之所以是"人"，由一撇一捺构成，是因为它喻示着人要互相支撑，才能完整。社会由人组成，在这个社会生存，就必须处理好人与人之间的关系，即人际关系。

对于孩子们，人际关系的好坏是受欢迎与否的重要标准。在中小学的班级里，当上班委的总是那些和其他伙伴们相处融洽的同学们。他们备受其他同学的尊重和信赖。那么如何管理人际关系呢？首先，要有一颗善良、助人为乐之心。其次，要时常关心别人，多为他人着想。人与人相处中难免会遭遇误解、矛盾、纠纷甚至背叛，但是不管怎么样，只要心是好的，多多沟通交流，很快就会过去。它就如大海里时而涌动的小波澜，我们要经得起波澜，才能永久地做朋友。

自我管理是一种能力，更要成为一种习惯。孩子们不能过分依赖父母，要学会管理自我的品行、前途、态度、挫折以及人际关系。

温馨贴士：

　　孩子，当你学会了自我管理，时刻注意管理自我的品行、态度及影响你的一切时，你也就长大成熟了。你已经勇敢地向前跨越了一大步。继续带着它走下去，希望你越走越远，闯出自己的一片天地。祝福你！

（二）培养孩子积极乐观的心态

⏰ 阶段一：认识

导读：生活就是一面镜子，你对它哭它亦哭，你对它笑它亦笑，快乐是一天，不快乐也是一天，为什么不乐观快乐地度过每一天呢？

✏ 乐观是一桶金

大发明家爱迪生的工厂曾经失火，近百万美元的设备化为乌有。当时67岁的爱迪生闻讯赶到火灾现场，员工们认为面对废墟一片，他一定会暴怒至极。但爱迪生的表现非常镇静，甚至还笑着说："这场大火烧得好哇，我们所有的错误都烧光了，现在可以重新开始了。"他的话说明了一个道理：一件事情的好坏，取决于当事人对它的态度。意志坚强的乐观者面对诸多问题，总是抱着仍有可为的态度，遭遇变故会变得更加坚强。正如爱迪生的一句名言："我的成功乃是从一路失败中取得的。"

悲观容易，乐观难。人生一世，悲观的情绪笼罩着生命中的各个阶段，战胜悲观情绪，用开朗、乐观的情绪支配自己的生命，你就会发现原来生活别有一番洞天。征服自己的悲观情绪便能征服世界上的一切困难之事。

一位著名的政治家曾经说过："要想征服世界，首先要征服自己的悲观。"人生在世，不如意十之八九。如果一味地沉入不如意的忧愁中，只能使不如意变得更加不如意。"去留无意，闲看庭前花开花落；宠辱不惊，漫随天际云卷云舒。"这是一种心境。既然悲观于事无补，那我们何不换个角度，用乐观的态度来对待人生、善待自己呢？

乐观是"一种性格倾向，使人能看到事情比较有利的一面，期待更有利的结果"。也许有些孩子天生就比较乐观，有些孩子则相反。但心理学家发现乐观思想是可以培养的，即使有些孩子天生不具备乐观品质，也可以通过后天的努力来实现。

> 保持乐观、快乐，你就会干得很好，就会成功、更健康，对别人也就更仁慈。
>
> ——[英]马克斯威尔

乐观的人处处可见"青草池边处处花"，"百鸟枝头唱春山"；悲观的人时时感到"黄梅时节家家雨"，"风过芭蕉雨滴残"。一个心态正常的人可在茫茫的夜空中读出星光灿烂，增强自己对生活的自信；一个心态不正常的人让黑暗埋葬了自己且越葬越深。因此，无论何时何地身处何境，都要用乐观的态度微笑着对待生活，微笑是乐观击败悲观的有利武器。微笑着，生命才能将不利于自己的局面一点点打开。

用积极乐观点缀生活

有人说：人的一生有三天：昨天、今天、明天，这三天组成了人生的三部曲。但我说，人的一生是由无数的今天构成的，因为不会珍惜今天的人，既不会感怀昨天，也不会憧憬明天。乐观的人，喜欢描述明天的美好憧憬；悲观的人，总担心明天发生什么不测。但生命的内涵只在于今天。生命是宝贵的，它是由一分一秒的时间堆积而成的，珍惜今天就是珍惜生命，荒废了今天就是荒废了生命。昨天已是过眼云烟，再也无法挽留，如果在昨天，你取得了一点成绩而沾沾自喜，或是因为做错了一件事情而愁眉不展，那么，你就永远陷进了昨天的泥潭。同时，你今天的时间也会从你的沾沾自喜或愁眉不展中悄悄流逝。

从前，有一只船迷失了方向，在没有任何岛屿的南方海上漂着，眼看食物就要吃光了，几乎所有的船员都是过一天算一天，只有两个人例外：一个是悲观主义专家，另一个是乐观主义专家。悲观主义专家不断地说，船上储备的粮食一天比一天少了，在这个海域是不大可能遇到救生船的。他劝大家对自己的最后时辰做一番深思，并勇敢地去面对死亡。有一天船员把这位悲观主义者找来，对他说："五分钟后我们就要置你于死地，现在做最后准备吧！"当他们把悲观主义者丢到海里时，大家松了一口气。

但是他们搞错了。在悲观主义者还活着的时候，他们虽然对乐观主义者存有好感，但现在乐观主义者也和以前的悲观主义者一样，开始让他们觉得厌烦了。每天早上，乐观主义者总是一边搓着手一边微笑着出现甲板上，告诉大家，人的身体只要半片饼干就可以维持相当一段时间之类的话，不然就在那儿精心计算，预测当天一定会碰到其他的船只。船员们最后也把他丢到海里，继续过他们自己的生活。

乐观主义，事实上就是当它可靠的时候带给人愉快，不可靠的时候令人非常恼火的东西。对我们所遭遇难题所表现的乐观态度尤其令人愤怒。除非为困难的解决或减轻做具体的建议，否则对别人的困难只说些乐观的话是很冒险的事。如果医生能开出药方治好病人的疾病，他便有资格说乐观的话，但对于那些只说着"没关系，很快就会好的"这类话以敷衍了事的朋友，我们感到非常生气。

想解决任何困难，需要的不是情绪性的愉快，而是建设性的思考。

乐观人生

一切的残殇，就让它慢慢逝去吧，伤口需要时间来慢慢抚平，不要气馁，世界有那嫣然绽开的花蕾，四季宜人的花香，潺潺的溪水，我们虽然哭着来到这个世界，但应笑着面对人生。

美国科学家曾做过一项令人非常深刻的实验，他们把一只老鼠用铁夹子夹住使老鼠无论如何挣扎，都脱不了身。经过好长一段时间，老鼠以为自己处在一个完全无法脱身的困境中，于是放弃了挣扎。科学家松开了铁夹，再把老鼠放在一个盛满水的水槽中。令人惊讶的是，它竟然不再尝试游泳求生，任凭自己逐渐下沉，因为它已经完全悲观了。

这样悲观的老鼠如悲观的人一样，悲观的人很容易想起昨日所受的伤害却不记得有个充满希望的明天。具有乐观精神的人，往往会把眼前的困难看作是一个个垫脚石，是通往成功道路上的基石，他们甚至会感谢老天赐予他们困难。著名科学家史蒂芬·霍金，是一个高度残疾人，全身上下只有两根手指可以活动，但是他并没对生活失去信心，反而在科学的领域上做出了卓越的贡献。是什么让他能够支撑下去？是他的那种乐观的精神，他说，虽然自己没有了活动的自由，但是自己还拥有许多，有爱自己的人和自己所爱的人……多么难得的乐观啊！他不因自己的身体的缺陷而放弃，而是更加奋发向上，有所作为，有所成就。乐观地面对生活，我想这就是霍金有所成就的前提吧！

> 如果以愉快的心情谈起悲伤的事，悲伤就会烟消云散！
>
> ——[苏联] 高尔基

积极乐观是种态度，而态度决定成功。如果杯子剩半杯水了，你是会埋怨：怎么只有半杯了？还是会乐观地认为：还有半杯水啊！真好！前者会让你凡事只要不称你意，你就会抱怨甚至自怨自艾：命运怎么对我这么不公啊！这样的情况拖越久会越严重！只有后者的态度才能让你时刻对身边的事物心怀感恩，生活过得很满足。

所以幸福的权利，在你手中！

积极乐观的社会意义

然而，在我们现实生活中，悲观的人也是不少的，他们把眼前的困难看作是一个个绊脚石，他们怨天尤人，整日唉声叹气，在他们眼里，一切的事情都是灰暗的。我们能够经常在报道上看到：有中学生因考试失利而放弃自己的生命；有年轻人因工作不顺而放弃自己的生命；有中年人因生活的巨大压力而放弃自己的生命……

这些人就是因为太悲观而失去生命。为何不学着乐观一点呢？无数事实证明，乐观使学习变得更优秀，悲观使学习变得更落后；乐观使生活变得更充实，悲观使生活变得更乏味；乐观使人生变得更精彩，悲观使人生变得更无味……

我们在以往对雷锋事迹的宣传资料中，无法得知其内心的具体状态，但是从近年来对于雷锋生平的还原之中，我们可以感受到雷锋是一个乐观的人，他快乐地工作、生活，快乐地帮助他人，他很享受这一过程。雷锋的奉献、助人是基于一种朴素的报恩心理，他出身贫苦，他的成长离不开党的培养、乡亲战友的帮助，他一直有回报社会的愿望，待到他自立并且有了一定能力之后，他便开始从一件件小事做起，从帮助一个个陌生人做起，实现那个回报社会的梦想。当一个人能够实现自己多年的梦想，他一定是快乐的。

一代代"雷锋"们用他们的事迹证明：做好事是一种基于道德自觉的社会行为，是一种参与、付出的过程，是一种自然的生活方式，是一种积极乐观的人生态度。

——摘自《检察日报》

我们总说，雷锋虽然已经走了，但是雷锋精神一直活在我们心中。到底什么是雷锋精神？是舍小我，成就大我？还是无私奉献，不为己，专门利人？其实这些不是核心，真正的雷锋精神的实质在于，他对人生积极乐观的人生态度！他将助人为乐看作一份轻松快乐的事来完成，在这个过程中，不仅受帮助者得到了快乐，他自身也相应地得到了满足和快乐之感。我们都应该学习雷锋这种内在的精神和态度,不仅是在每年3月5日这一天,应该在每一天、每一分、每一秒。

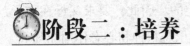

阶段二：培养

父母的态度决定孩子的未来

记忆深刻的一堂课

记得七八岁的时候，我写了第一首诗。母亲一念完那首诗，眼睛一亮，

兴奋地嚷着："巴迪，这是你写的吗？多美的诗啊！精彩极了！"她搂着我，不住地赞扬。我既腼腆又得意扬扬，点头告诉她诗确实是我写的，她高兴得再次拥抱了我。

父亲开始读诗，我把头埋得低低的。诗只有十行，可我觉得他读了很长的时间。"我看这首诗糟糕透了。"父亲把诗放回原处。我的眼睛湿润了，头也沉重得抬不起来。

——摘自《精彩极了，糟糕透了》

精彩极了，糟糕透了。明显是两种截然不同的来自父母对子女的态度。"精彩极了"的结果就是孩子信心十足，快乐满足；而"糟糕透了"的结果是孩子自卑、伤心。虽然在日后也起到鞭策的作用，但是如果能够用赏识教育去鼓励孩子，孩子得到的帮助会更大，得到的力量会更多。"赏识教育不是表扬加鼓励，是赏识孩子的行为结果，以强化孩子的行为；是赏识孩子的行为过程，以激发孩子的兴趣和动机；创造环境，以指明孩子发展方向；适当提醒，增强孩子的心理体验，纠正孩子的不良行为。"父母的态度会对孩子造成深刻的影响，若要培养孩子的积极乐观的态度，首先要求父母的态度也是积极正面的。我认为父母应该从以下几个方面做起：

一、不在背后说街坊邻里的坏话

这点尤其重要。"父母是孩子最好的老师"，通常孩子在没有形成独立思考、拥有独立思想前，他们会照着父母的样子有模有样地学习。因此，父母的一言一行可能会影响孩子一生。邻里是孩子身处的一个浓缩的小社会，如果在这个圈子中尔虞我诈、个个都是笑面虎的伪装高手，那么，孩子的心灵一定是荆棘密布、阴雨绵绵的，而不可能是阳光向上的。因此，要求父母在孩子面前的一言一行要积极正面，这对培养孩子积极乐观精神和心态作用非凡。

二、多与孩子沟通交流，给予孩子足够的爱

自闭症的儿童，大多数是因为父母离异，甚至有的是失去父母。他们因此得到的是残缺的爱、不完整的爱。这样的孩子难以敞开心扉与人交往，因为他们失去挚爱，失去了被爱的权利，因此他们大多不会爱别人。多与孩子沟通交流，创造爱与和谐的环境和氛围，是成就一个心理健康孩子的必要条件。

父母对孩子的爱如阳光，会滋养孩子的心灵，使孩子的心灵也洒满阳光。孩子像向日葵，要让它随着太阳转。

· 维系好和孩子之间的感情纽带

　　我们是孩子的大朋友，孩子只有在最初能与我们好好相处。以后，才能与其他小朋友和谐共处。所以，应该怎样待人接物，都是我们教给孩子的。

· 将决策权还给孩子

　　从小过于拘束的孩子，总是处在自卑的情绪中。而将决策权还给孩子，能使他们开始重视自己的想法，只有善于思考的孩子，才能在遇到困难时做出正确的选择。

· 为孩子调理心态

　　每个孩子都有开心与失落的时候。当孩子开心时，我们可以分享他的快乐；当孩子失落时，我们应该引导孩子，给予他们正确的心理辅导，从而帮助他们走出痛苦。只有心里充满阳光的孩子才是乐观的孩子。

· 让孩子消除过多的"贪念"

　　大部分孩子拥有太多的物质占有欲，比如看到喜欢的玩具就想要，得到了就满足，得不到就失落。这一切会让孩子认为幸福就是得到喜欢的玩具，使他形成错误的价值观。所以，我们要适时提醒孩子：不要过于要求父母来满足自己的物质欲。

——摘自《培养孩子好习惯的 60 招》

学校不仅关注孩子学习，更要注重心理健康

　　学校在培养人才的过程中，不仅注重他的学业，更应该高度重视孩子的心理发展状况，身心健康是首要条件。很多学校也开设了心理咨询室，但可惜的是，它们中大多都形同虚设，只是为愉悦上级做的表面工作。要真正重视孩子健康的心理必须有一些实际行动，比如下面这个例子：

第二部分 生活

近日，宁波市实验学校每位学生都收到了一张印制精美并写有关怀话语的"悄悄话预约单"。预约单上有学生基本信息、预约谈心内容、预约时间、想预约谈心的老师等栏目。

有咨询需求的学生把预约单投放进"悄悄话信箱"，咨询室会根据实际需要主动约见求助的学生，以有效帮助或解决学生在学习、生活、人际交往和自我意识等方面存在的问题，让学生学会调适或控制自己的不良情绪，维护心理平衡，达到阳光健康的心理。

——摘自《浙江新闻网》

如果这样的方式可以一直持续下去，那么学生的心理一定会得到极好的及时疏导。孩子是祖国未来的花朵，是祖国未来的希望。学校有责任和义务，时常为这些花花草草修剪枝叶（心理辅导）、浇水施肥（教导知识）。

温馨贴士：

积极乐观的态度不是天生的，它时刻受着父母和周围人的影响。大人们，请给孩子一个充满爱和积极向上的世界吧！

（三）培养孩子追求美丽的习惯

⏰ 阶段一：认识

导读：追求理想、追求健康、追求幸福，似乎甚少有人提及追求美丽。谁都想要美丽，那么美丽该不该追求？

✏ 关于美的知识与美的鉴赏

美，金文字形，从羊，从大，古人以羊为主要副食品，肥壮的羊吃起来味很美。美在字典中有以下解释：（1）指味、色、声、态的好。如美味；美观；良辰美景。《史记·吴太伯世家》："见舞《大武》，曰：'美哉！周之盛也、其若此乎！'"（2）指才德或品质的好。如美德；价廉物美。《管子·五行》："人与天调，然后天地之美生。"王勃《滕王阁序》："宾主尽东南之美。"

美丽是人看到、感到的美好的一切，回归到人，美的感受便不再只是单纯的声、态、体、貌的美，这都归于人是自然界最复杂的一种动物。不同的人会对美有不同的解释和理解，不同民族、不同时期、不同地域和国家都对此有各自独到的认识和见解。然而，最基本的、核心的认识还是如出一辙，几乎大多数人都达到了共识——美丽最重要的真谛是在于内心的美，即内涵的美、内在的美。内在美对外在美有促进作用，一个漂亮的女人随着岁月流逝，容颜会变老，不会一辈子都耐看，但是一个有内涵的女人却可以让人一辈子都细细"品味"。一代女皇武则天，便是深谙此道的女人，于是她最终坐上了万人觊觎的至尊宝座，开启一段传奇的崭新历史。

伟大的生物学家、心理学家巴甫洛夫认为："人有四种典型的高级神经活动类型，即活泼的、安静的、不可抑制的、弱的，它们分别与希波克拉底的

四种气质类型相对应，而气质的含义是指人相对稳定的个性特征、风格以及气度。性格开朗、潇洒大方的人，往往表现出一种聪慧的气质；性格开朗、温文尔雅，多显露出高洁的气质；性格爽直、风格豪放的人，气质多表现为粗犷；性格温和、风度秀丽端庄，气质则表现为恬静……四种气质类型即四种典型的高级神经活动类型的行为表现。"可见，无论聪慧、高洁，还是粗犷、恬静，都能产生一定的美感。相反，刁钻奸猾、孤傲冷僻，或卑劣萎靡的气质，除了使人厌恶以外，绝无美感可言。一个人的真正魅力主要在于特有的气质，这种气质对同性和异性都有吸引力。这是一种内在的人格魅力。

温馨贴士：

许多人并不是靓女俊男，但在他们的身上却洋溢着夺人的气质美：认真，执着，聪慧，敏锐。这是真正的气质美，是和谐统一的内在美。人的外表的优美和纯洁，应当是他内心的优美和纯洁的表现。

——别林斯基

从小播撒爱美丽的种子

温馨贴士：

美的形象是丰富多彩的，而美也是随处可见的。人类本性中就有普遍的爱美的要求。

——黑格尔

我曾经看过一部电影《天使爱美丽》，它是我目前看过的最美的一部电影。一开始就深深地被女主角爱美丽吸引。"一个现代灰姑娘的童话，镜头底下的巴黎是比明信片更加明媚的世外桃源，把少女的悸动和憧憬化成一幕幕迷人的画卷。完全属于一个人的奇想世界。带点无伤大雅的小恶作剧，穿行在巴黎艳丽的阳光底下。心地澄澈，宛若天使凡落。那么多的奇思妙想，于是得以在惊喜中看一个孤独的女孩在守望爱的旅途中跋涉，她独自一个人，却过着优雅快乐的生活。"电影中，午后的阳光、街边的小吃店、咖啡店，都弥漫着迷人的、法国所特有的浪漫气息，一切都是那么静谧、安详、和谐、美好。在这样一个美丽的国度，一个富有幻想的女孩出现了，她缓缓向我们走来，诉说着对爱和幸福的那份渴望与追求。她，追求美丽，淡雅、天真，可爱的脸庞下拥有一颗助人为乐的心。这样的女子理所当然是散发着迷人魅力的天使！

小的时候，女孩子们总会学着母亲的样子擦上白白的粉，涂上火红火红的大口红，抹上香香的香水，学着漂亮妈妈或者漂亮阿姨穿着高跟鞋、连衣裙，在镜子前可以照好久好久，内心都是美滋滋的；而男孩子们，也会学着父亲的样子，抹上令发丝动感的摩丝，穿上酷酷的西装，系上得体的领带，穿上擦得锃亮鞋油的大皮鞋，向着心中的完美男士靠近。这无疑都是男孩女孩们美丽的初体验。每个人的小时候都被自然而然地在不知不觉中种下了一颗爱美丽的种子。

追求美丽，是追求自然

追求美固然是好的。护肤、塑形、打理头发、化妆、服装搭配都是女孩们长到一定年龄需要用心学习的必修课程。但是，过度追求就可能酿成悲剧了。关于追求美丽，过度减肥、节食的新闻几乎可以天天见。甚至有些女孩无畏去医院动刀，做整容手术，为的是让自己更美丽、迷人。而她们都忘了，容貌是上天的馈赠，如果你非要强行改变些什么，那必将产生不必要的累赘、烦扰，甚至悲剧。虽说不是每个女孩都有"天然去雕饰，清水出芙蓉"之倾国倾城之貌，但是自然状态下的女孩子才是最真实，且最美丽的。著名的化妆师曾说过，最美的化妆是大自然的雕饰。人，每日在大自然风雨的洗礼、阳光的滋润下，健康苗壮成长。沉鱼落雁、闭月羞花的中国古代女子，是世界上举世闻名的，从没听说她们是整容整出来的。

第二部分 生活

微笑的意义

微笑关乎美。没有人会对你说，你笑起来好丑。笑容，是最好的化妆品。爱笑的女孩，总给人以积极乐观向上的良好印象。关于微笑，有无数美丽的句子。如下：

幽默是心灵的微笑。最深刻的幽默是一颗受了致命伤的心灵发出的微笑。

——周国平

笑是人类的特权。

——卡耐基

当你微笑时，世界爱了他；当他大笑时，世界便怕了他。

——泰戈尔

微笑乃是具有多重意义的语言。

——施皮特勒

只有在你的微笑里，我才有呼吸。

——狄更斯

不管怎样的事情，都请安静地愉快吧！这是人生。我们要依样地接受人生，勇敢地、大胆地，而且永远地微笑着。

——卢森堡

如果有个人无缘无故地对你微笑，那一定是为了某种缘故。

——马长山

当生活像一首歌那样轻快流畅时，笑颜常开乃易事；而在一切事都不妙时仍能微笑的人，才活得有价值。

——威尔科克斯

爱美丽，爱生活

俗话说，爱美之心，人皆有之。追求美丽，不是只流于表面，即外貌的美丽，服饰的华丽，更是对生活的一种积极而热爱的态度。对于生活在21世纪的孩子们来说，这是最好不过的年代。没有战争、没有斗争，他们幸福地生活在红旗招展下，成长在父母精心的培育和呵护下。

但是每个人的命运或许有些许不同，比如有人一出生便在达官显贵的大家族，或是星光璀璨的明星家，抑或是含着金钥匙出生的富人家……他们就是所谓的官二代、星二代、富二代。而与此同时，有的人却一出生便在为衣食担忧的贫苦家庭，而且他们自身有的甚至身上有残缺。但是我认为，残缺何尝不是一种美。维纳斯是希腊神话中的爱神、美神，虽然她断臂，就像羽翼被折断，但是这却掩盖不了她天使的美好形象。每个女孩都是天使，都在不断追求美丽的道路上前进，每个人都有权利追求美丽和幸福。

有这样一个女孩，她叫雷庆瑶，被人们称作"东方维纳斯"、"折翼天使"。或许大多数的人们是从一档相亲节目《非诚勿扰》上认识她的。在节目现场，她穿着大方得体，蓝色连衣裙，或是水袖白衣裳，亦或是粉色小礼服，让人觉得赏心悦目、美不胜收。她是通过那样一档节目走进了更多人们的视线（其实在这之前，她就早已凭借本色出演一部残疾人励志电影《隐形的翅膀》，成为华表优秀儿童女演员桂冠的获得者），在人们质疑她上此类收视率超高的相亲节目是为炒作自我时，她淡淡地说，"褪去光环，我是等爱的灰姑娘"。是啊，谁都有权利追逐自己的爱情和幸福。她只是一个有着不同凡人的生命形态和历程的一个普通女孩，在静静地等待能做她那双翅膀的，同样是天使的男孩。

爱美丽，爱生活。不管你是生来面容姣好、身材玲珑有致，过着丰衣足食的生活，还是面相丑陋甚至身有残疾，过着凄苦的生活，一切都阻挡不了人们追求美丽，追逐幸福生活的信仰。一个身残志坚的女孩，会给人以力量，会在人心中种下一棵奇妙的种子，她会在人们心中开出最美的花。

⏰阶段二：培养

导读：对家长们而言，是否需要把追求美丽作为孩子们的一种习惯来培养、是否要让追求美丽成为孩子们的一种习惯？本章节将给出我的答案。

从《弟子规》得到的启示

《弟子规》原名《训蒙文》，由清朝康熙年间秀才李毓秀所作，后经清朝贾存仁修订，改名为《弟子规》。其内容采用《论语·学而》篇第六条"弟子入则孝，出则弟，谨而信，泛爱众，而亲仁，行有余力，则以学文"的文义，具体列出为人子弟在家、出外、待人接物和求学等时应有的礼仪和规范。

在如何培养孩子们追求美丽的习惯上，我将从《弟子规》入手，联系现实，浅谈培养这一习惯的具体做法。

讲卫生，讲文明

追求美丽第一步，要美之前，要做到洁。两百多年前的先哲们就对当时的青少年们提出了严苛的要求。如《弟子规》中《谨》一章节就警告了世人们，指出我们在行为上要谨慎，不可以放逸，谨乃护身符。

"晨必盥，兼漱口，便溺回，辄净手。"早晨起床后，一定要洗脸刷牙，每次大小便后都要洗手。晨起洗脸漱口，预示着新一天的开始，孩子们形成这种良好的卫生习惯后会每天告诉自己：今天又是全新的一天哦！我昨天该完成的事情都完成了吗？新的一天我会学到什么新的知识、遭遇什么样的开心事情或者挫折？虽然是个平常的事，但是这种习惯一旦养成，它不仅利于孩子们的身体健康，更有利于让他们形成自律、自理的能力。我们的孩子们，必须要在父母和老师的双重监督下养成这种良好的生活习惯。同时我还得补充一点，那就是孩子们一定要养成按时睡觉、按时起床的习惯，形成有规律的作息时间。俗话说，一日之计在于晨，一年之计在于春。清晨如果能晨起锻炼，那就更好了！

"冠必正，纽必结，袜与履，俱紧切。"在卫生习惯慢慢养成后，就要进行形象指导了。帽子一定要戴端正，衣服纽扣要扣好，袜子和鞋子都要穿整齐，鞋带要系紧。关于这一点，女生做得比较好。而大部分男生就不那么在乎了。男孩子中的大部分都热爱运动，各类运动丰富多彩。篮球、足球、乒乓球等球类运动，以及滑板、轮滑等技巧性运动，这都是需要流汗的活动。在大汗淋漓后，孩子们应该主动洗澡，洗掉运动时流的汗和一身疲惫之感。

"置冠服，有定位，勿乱顿，致污秽。"脱下来的衣服和帽子，要放置在一个固定的地方，不能到处乱丢，以免把衣服弄脏。美美地洗了个澡后，神清气爽，但是要记得把换下的衣物及时丢进洗衣机，当然小件的如贴身衣物、袜子等最好是让孩子自己动手洗，以助他养成爱干净、勤劳动的好习惯。

"衣贵洁，不贵华，上循分，下称家。"穿的衣服贵在整洁大方，而不在于华丽与否。衣服要符合自己的身份地位，还要和自己的家庭条件相适合。这一点对于大多数 90 后、00 后似乎是一个不以为意的大问题。依我看来，大多数的青少年都追求名牌，有的真是竭尽全力追逐奢侈品，更有甚者，把奢侈品公布于众，炫耀卖弄溢于言表。

相比之下，我的童年似乎过得艰苦朴素许多。记忆中，青少年时期的我，总是在拣姐姐们穿不了的衣服来穿，而当时的自己一副扬扬得意的样子，这都归功于我父母的谆谆教诲。其中，我的母亲对我的影响最大。她确实是一个勤俭持家的好典范，她心灵手巧，总能把废弃不用的物件变成我们需要的东西，她的双手仿佛就像有魔法一般。在那个以浪费为耻、节俭光荣的年代，所有物品都发挥了它巨大的使用价值。往往到最后，家里堆满了舍不得丢弃却又无法再利用的衣物，最后不得已把它们清除以节省空间。虽然现在的我们不需要再过那种艰苦的日子，但是勤俭节约的传统美德却应该永久地一代代地传下去。

温馨贴士：

> 人的行为总是一再重复，因此，卓越不是单一举动，而是习惯。习惯决定着你的活动空间大小，也决定你的成败。

以礼待人，以德服人

一个人的美，还表现在他或她的举止言谈上。俗话说，未语先香，要在还没开口说话表达自我前，便给人留下深刻的印象，当然指好的印象。

（一）以礼相待，礼尚往来

孔老夫子说得好："人而不仁，如礼何？"他主张"道之以德，齐之以礼"的德治，打破了"礼不下庶人"的限制。在长期的历史发展中，礼作为中国

社会的道德规范和生活准则，对中华民族精神的修养起了重要作用；同时，随着社会的变革和发展，礼不断被赋予新的内容，不断地发生着改变和调整。关于礼，尤其古代青少年应该遵循的礼，都在清朝康熙年间修订的《弟子规》这一书中有所展现。

"年方少，勿饮酒，饮酒醉，最为丑。"什么是美？美当然是随时随地注意自我形象，不自毁形象。年轻的时候，千万不要喝酒。因为一旦喝醉了，就会丑态百出而丢脸。父母喜欢带着孩子参加酒席，那么一定要注意不要给孩子留下大人们嗜酒、拼酒的印象，要告诉他，喝酒不好，嗜酒更不利于健康。要进行及时的引导，使孩子向着健康方向发展。

"步从容，立端正，揖深圆，拜恭敬。"走路时要不急不慢、从容大方，站立时身体要端庄直立。作揖时要把身子躬下去，最好是90°，礼拜时要恭恭敬敬。虽说解放思想后的新中国，再也不用那些陈旧的礼仪，比如作揖。但是，现在的孩子们还是要做到：站有站姿、坐有坐姿。行如风、坐如钟。男孩子走路要昂首挺胸，自信满满，但切忌自负；同时更不可弯腰驼背，做难掩自卑之态。

"勿践阈，勿跛倚，勿箕踞，勿摇髀。"在现代看来，此要求可能过于严苛了。但是真正的绅士，是可以做到：进出门时，脚不踩到门槛上；不会一条腿支撑身体然后斜靠着；更不会摇晃大腿。他们会尽可能表现得体又有教养。孩子和父母都最怕听到别人说自己或自己的孩子没有教养。所以，一定要在孩子做出一些不当行为时及时阻止并耐心教育。

"缓揭帘，勿有声，宽转弯，勿触棱。"进出门时，缓缓揭开门帘，尽量不发出声响。走路拐弯时角度要大，不要碰着东西的棱角，以免造成不必要的伤害。东北的孩子，在冬天进出门时会遭遇厚重的门帘，那是用来御寒挡风的。所以切记要用力挑开门帘，并停留一段时间，也为后面与你同进入的同学提供方便。这是种对他人的尊重，更是一种礼貌和良好教养的体现。

"执虚器，如执盈，入虚室，如有人。"手里拿着空的器具，要像拿着装满东西的器具一样小心翼翼。走进没有人的房间时，要像进到有人的房间一样谨慎，不能乱走乱动。可见，古人将礼置于多么重要的位置。谁让我们是礼仪之邦呢！在这特别要强调一点，不能乱翻乱动别人的东西。那是不礼貌和不尊重他人的行为，而且一旦被发现，很可能从此失去别人对你的信任。

"将入门，问孰存，将上堂，声必扬；人问谁，对以名，吾与我，不分明。"将要入门之前，应先问："有人在吗？"不要冒冒失失就跑进去。进入客厅之前，应先提高声音，让屋里的人，知道有人来了。如果屋里的人问："是谁呀？"应该回答名字，而不是："我，我！"让人无法分辨我是谁。孩子从外面回来，看见家里坐了一圈客人，通常都是迅速逃入自己的房间，不顾父母的叫喊："××叔叔、××阿姨来看你了，还不出来跟他们打招呼！"如果孩子还是躲在自己的小房间里不出来，也不要怒气冲冲地把他从房间里拽出来。也许孩子是害羞，也许是有自己的事情要做，父母应该给孩子自己的空间。但是，基本的礼貌也要教给他们，比如见到熟人，尤其长辈要主动问好。

"用人物，须明求，倘不问，即为偷；借人物，及时还，人借物，有勿悭。"想要用他人东西时，必须当面向人家提出要求，以便征得别人的同意。假如不问一声就拿走，这就是偷盗。很多小时候偷鸡摸狗的行为就是没能得到父母或老师的及时制止，才使得事情愈演愈烈，从小偷小摸，到长大后的偷盗行为。

同时借别人的东西，要在约定的时间之内归还，如果拖延不还，人家以后就不相信你了。高尔基小时候就深谙此理。小时候过着穷苦日子的高尔基，偶然有一天得到了一本书，越读越发觉无法自拔，从此爱上了读书。离家附近的地方有一个小书店，于是他经常跑去书店借书，但是有时因为白天的学徒工作实在太繁杂，他只有晚上的时间可以阅读，因此书常常阅读不完就到期了。但是等到了还书那天，他还是把书还给人家，再借的时候还是同一本。高尔基这一良好的习惯，让他能够在以后的日子中尽情在书的海洋中翱翔，汲取知识的养料，从而也帮助他完成了日后伟大的著作。

同理，别人向你借东西时，如果自己有，不可以吝啬不借。当我们还是孩童时，十分珍爱自己的玩具和布娃娃，别的小朋友想要来一起玩时，总是躲得远远的。心理学家皮亚杰由此现象得出一个自我中心论的结果，即每个幼童都是以自我为中心的。小时候不把布偶玩具与伙伴们一起分享，是正常的。但是，随着孩子们的成长，这种自私的心理应该得到矫正。尤其社会主义社会，更讲求有福同享有难同当。当然，孩子可能理解不了，但是父母必须常常向孩子灌输做人要无私的思想。具体做法就是：给孩子讲一些无私奉献、舍己

第二部分 生活

为人的故事，并结合现实的例子；与孩子一同关注感动中国十大人物等。

由此看见，古代仁人志士们都对自己的儿女如此严苛，作为新时代的父母们，更应该从中吸取先人们的经验，在教育子女时做到有理有据。

（二）以德服人

日本民间有这样一句谚语：缺乏美德的美，犹如没有芳香的花。一个人面容再姣好，体态再优美，如果没有礼貌的问候、得体的举止，一举一动若是都透漏着轻浮、野蛮、桀骜不驯，那么她或他也算不上是一个美丽的人。前面讲了礼，而事实上遵循礼也是崇尚道德的一种体现。青少年应该具备怎么的德呢？《弟子规》仍旧给出了它的回答，让我们一起来看一看。

"斗闹场，绝勿近，邪僻事，绝勿问。"凡是容易发生争吵打斗的不良场所，如赌博、色情等是非之地，要勇于拒绝，不要接近，以免受到不良的影响。一些邪恶下流、荒诞不经的事也要谢绝，不听、不看，不要好奇地去追问，以免污染了善良的心性。虽说有出淤泥而不染、濯青莲而不妖的高贵品质在激励着我们，但是年纪尚小、阅历较浅的青少年们一般都缺乏抵制诱惑的能力，他们通常在什么样的环境中就会养成相应的习惯，形成相应的品质。在这一点上，学校和父母确实都应该勇敢地担起责任来。

学校需要建立健康、积极向上的学习环境。

1. 从学校的选址看，学校的地理区位最好远离繁华嘈杂的市中心。因为在那样的环境中，孩子们会静不下心来进行学习，久而久之会形成浮躁的性格特点。此外，市中心鱼龙混杂，来来往往的人形形色色。青少年一旦与他们接触，必定沾染上一些社会的习气，变得市侩、奸诈、虚伪等等。那么校舍应该建在何处呢？

西方几位伟大的教育家，都曾开办学校来推广他们的教育理念和教学方法。他们都将校舍置于崇山峻岭，被大自然包裹的地方，那些地方依山傍水，能听见大自然的风声、雨声、鸟儿的歌声。能够长久生活在那里的人们、读书在那里的孩子们每天心情都是开阔的、明朗的。

2. 学校的"大人们"，即所有教职工们都要做到行为师表，起到模范带头作用。学校一定要选拔真才实学、有良好品行道德的老师任教，否则轻则误人子弟。

学校给在校学生提供健康良好环境的同时，另一方面，家长也有相应的责任与义务。在家也应该给孩子营造良好的学习氛围。比如，看电视是否能去自己的卧室看，做到不分散孩子的注意力，或者最好是不看电视。我大学时的院长就曾给我们讲过，她作为一个家长是如何陪伴孩子学习和成长的。院长和院长爱人从来不在她的孩子看书、写作业、学习的时候看电视，做一些娱乐项目，他们会选择和孩子一样安静地看书学习。他们也很少给孩子买玩具，买得最多的还是书籍，因此他们的孩子从小就养成爱读书的习惯和静下心来自主学习的超强能力。

家长是孩子最好的老师，孩子在成长阶段与父母在一起的时光居多，因此影响也是深刻的。如果父亲酗酒、打人；母亲好乐喜玩，在这般父母的影响下，孩子的性格必定是残缺的。

父母和学校在培养孩子"以礼相待，以德服人"和追逐美好的方面，扮演重要的角色。从日常生活中就要对孩子进行循循善诱，才能使他们形成比较好的习惯。

《弟子规》作为清朝启蒙教材书籍，如今被不少学校和教育机构拿来作为特色课程来教学。如桐州乡泉镇小学近几年来接纳了占校区学生总数多达三分之一新居民学生，在这样生源多样化的背景，给学校的德育工作带来了很大的难度。校区领导迎难而上，以经典国学书籍《弟子规》为媒介，借以推动未成年人德育工作。通过学、诵、写等一系列活动加深学生对国学书籍的理解和记忆。

善言美之词

一个美丽的人，不仅要从举止上修炼自己，更要从语言上磨砺自我。好听的话就像美味佳肴、迷人美景，让人赏心悦目，心情愉悦。所以我们一定要学会赞美他人。

前段时间看了一部电影《至善至美》，其中女主角说："我现在要你赞美我。"男主角愣了下神娓娓道来："我以前最讨厌吃药，但是遇见你，我开始服药了。"女主角疑惑不解，"这算哪门子赞美？"男主角于是说了一句会让女性感动到痛哭流涕的话："因为是你想让我成为更好的人。"这是爱情中的

赞美，但是在亲情、友情中，我们依然需要这样一份肯定和出自真心的赞美。言美之词一定要真心实意，真正贴近人心，然后才能起到应有的效果。不论你是想取悦父母或是老师，亦或是你想获得某位同学的原谅。

会说赞美话的人，一定是散发着香味的人。哈佛大学藻类学专家斯金诺，通过实验得出结论：奖赏和一些行为相联系时，它有着促使某种行为重新出现的趋向。无论对人还是对动物，只要发出肯定的鼓励信号，行为必然会得到改善。他说："我把'积极的鼓励法'应用到日常生活中，会收到立竿见影的效果。我的孩子不爱劳动，以前我经常大声地呵斥他，这不仅无济于事，家庭的气氛也变得很紧张。后来，我改变了教育方式。注意观察他令人喜欢的行为，例如，看到他帮助大人洗盘子的时候，就用赞许的口气鼓励他。果然，他开始热爱劳动了，家庭的气氛也和睦多了。"

爱护花草，爱护公物

追求美，不仅是对自身而言，更是对世间万事万物而言。一花一世界，一树一菩提，我们所处的这个世界，由自然和人组成。自然，一个万物生长的地方，所以孩子们从小要热爱大自然，热爱大自然中的花花草草。如果你喜欢一朵花，你会将它摘下；但是如果你爱一朵花，你会为它浇水，所以孩子们，请做后者——那个浇花的人吧。

勤动脑，勤动手

心灵手巧的女孩是备受喜爱的。很多日后成为举世闻名的服装设计师，小时候都有过为自己的布偶做衣服的经历。这不仅是靠近梦想的一种尝试和努力，更是一种美丽的测试。如果你能把手中的布偶打扮得漂漂亮亮，那你定能用自己的双手帮助身边的人，让他们也美丽非凡。聪明的孩子也是惹人喜爱的。要让孩子勤动脑，老人们总说：脑子是越用越灵光的。这句话说得很在理。

追求美丽是人类永恒的信念。培养孩子们追求美丽的习惯，必将使他们身上散发人性的魅力和幽香。

（四）培养孩子自我调节情绪的习惯

阶段一：认识

驴子自救的故事

一头驴子掉进了一口枯井，它哀怜地叫喊求救，期待主人把它救出来。驴子的主人召集了数位亲邻出谋划策，还是想不出好的办法搭救驴子。大家最后认定，反正驴子已经老了，况且这口枯井早晚也是要填上的。于是人们拿起铲子，开始填井。当第一铲土壤落到枯井时，驴子叫得更恐怖了，它显然明白了主人的意图。当又一铲土壤落到枯井中，驴子出乎意料地安静了。人们发现，此后每一铲土壤落到它背上的时候，驴子没有哀叫求助和一味地抱怨主人，而是冷静地在做一件令人惊奇的事情，它努力抖落背上的土壤，踩在脚下，把自己垫高一点。人们不断把土壤往枯井里铲，驴子也就不停地抖落身上的土，使自己再升高一点。就这样，驴子慢慢地升到枯井口，在旁人惊奇的目光中，潇洒地走出了枯井。

在这个故事里，村民们都达成一致：要填了井，埋了驴，看来这头可怜的驴是必死无疑了。这就像是我们在生命历程中也会遭遇无法挣脱的枷锁、无法抗拒的命运。当它们降落在我们的身上时，我们是做无休止、无用的埋怨，如刚开始拼命呼喊、挣扎的驴子？还是换一个角度看到它好的那一面？驴子最终没有被埋没枯井中的原因就在于此。一铲铲落到身上的土壤或许会埋没自己，但是当把它们抖落了踩在脚下，于是不断垫高自己，也可以帮助自己升到枯井口，走出枯井。生命中的绊脚石也就成为了你我成功路上的垫脚石，你不仅自救了，得以从中解脱出来了，同时你还可能改变周围人对你的看法，

第二部分 生活

或多或少地影响到他们对人生的态度。

当然这个故事其实是影射在了人身上，在人的一生中会遇到比它更棘手、更不知所措的危情时刻。这个时候我们是应该向生命妥协、不抵抗，懦弱地接受命运的安排，还是抖落身上的尘土，勇敢地面对现实，顽强抗争，并重新开始。情绪，或者说是态度，对一个人的人生影响巨大。

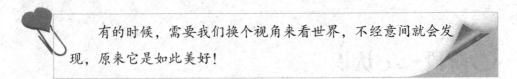

有的时候，需要我们换个视角来看世界，不经意间就会发现，原来它是如此美好！

✏ 情绪的影响

情绪管理（Emotion Management）是指通过研究个体和群体对自身情绪和他人情绪的认识、协调、引导、互动和控制，充分挖掘和培植个体和群体的情绪智商、驾驭情绪的能力，从而确保个体和群体保持良好的情绪状态，并由此产生良好的管理效果。这个名词最先由因《情绪智商》（《Emotional Intelligence》）一书而成名的丹尼尔·戈尔曼 (Daniel Goleman) 提出，"认为这是一种善于掌握自我，善于调制合体调节情绪，对生活中矛盾和事件引起的反应能适可而止的排解，能以乐观的态度、幽默的情趣及时地缓解紧张的心理状态"。

我们的情绪每天都在陪伴着我们，影响着我们，但却很少会有人真正研究过情绪对我们的影响。英国学者伦布朗认为：情绪是人类所有活动背后最直接的动力；哈佛大学教授迈克尔·波特也认为：最伟大的管理者是那些善于管理情绪的人。情绪在我们的生活中扮演着非常重要的角色，情绪智力——管理情绪的能力，在一定程度上，比智力更能决定一个人的成功。

"心宁则智生，智生则事成。"我国四书之一的《大学》说："知止而后有定，定而后能静，静而后能安，安而后能虑，虑而后能得。"清代学者王之春在《椒生随笔》中说："天地间真滋味，唯静者能尝得出；天地间真机栝，唯静者能看得透。"不管是心宁、还是内心平静，都是一种对情绪的积极控制。

喜欢一部动画片——《功夫熊猫》，尤其浣熊师傅的那句：inner peace。

内心平静，这是一种自我管理情绪的表现，也是功夫世界的最高境界——以静制动。因为如果没有内心的平静，熊猫阿宝是不可能完成拯救山谷的任务的。

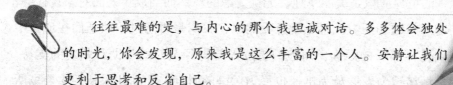

往往最难的是，与内心的那个我坦诚对话。多多体会独处的时光，你会发现，原来我是这么丰富的一个人。安静让我们更利于思考和反省自己。

情绪与疾病

身心整体健康的理论认为，人类身心的疾病均源于内在的自我冲突。当一个人面对困难、承受压力时，第一反应是向外界求助，获得他人帮助；但许多人抱着错误的观念，以为依赖与独立两者之间是截然对立的，从而压抑了内心渴望援助的声音。在渴望与拒绝的内心冲突之中，人就很容易患上胃溃疡等功能失调性病症。每个人的内心都潜藏着与外界沟通的渴望，甚至期待回到父母怀中获得抚慰。但我们在成长中被灌输的理念却是"人必须独立，放弃依赖他人的需求"，这就导致我们在成长过程中一直带着孤立的心态，拒绝与他人联结和互助。实际上，人与人之间原本就是既依赖又独立的，正如同要有阴与阳的和谐共存，宇宙才能运行不息一样，人生本来就应该有依赖与独立的互补，关键在于如何取得两者之间的平衡。

人类身体上的病痛，往往都是心灵能量阻滞的呈现。无论治疗任何疾病，如果我们不去觉察和探索内在情绪的变化，只一味从身体治疗的角度思考，那么在治疗上就会出现很大的盲点。若要让自己获得身心灵整体健康，我们除了要学习接纳和转换情绪、肯定自我的存在与价值外，还需要倾听心灵的召唤，尽情发挥生命的创造力。

——摘自《心灵拐点：身心灵的 10 堂健康课》

情绪影响着身体的健康，保持良好的情绪因此显得尤为重要。因此如何管理自我情绪，情绪的调控需要我们理智的分析。

第二部分　生活

✏️ 孩子的情绪管理

孩子的世界应该是美丽单纯、无忧无虑的，然而当成年人面对来自社会、生活的诸多问题和压力，感觉疲惫无助时，我们是否想过，孩子们在成长中也会遇到这样那样的烦恼，而他们更加渴望得到及时的帮助和坚定的支持。幼儿期是情绪智力发展最为迅速也最为关键的时期，而幼儿成长的主要场所是家庭和幼儿园，因此，关心幼儿的情绪，了解幼儿情绪能力发展的水平和特点显得很必要。

抓一把樱桃

卡内基小时候，一天跟随母亲来到市场，在一处水果摊前，他眼睛直望着一篮樱桃。水果摊老板看见这小男孩长得十分可爱，便说道："小弟弟，抓一把樱桃去吃，就算我送你的。"卡内基犹豫了一下，并没有伸手去拿樱桃。

老板诧异地问："你不喜欢樱桃吗？"

"不！我最喜欢樱桃！"卡内基小声回答。

"那就抓一把去吃啊，我不收你钱！"老板说。

"老板对你这么好，你就抓一把樱桃吧！"母亲也这样说，但卡内基仍没有伸出手来。

这时，老板反倒觉得不好意思，连忙抓了一大把樱桃塞在卡内基的口袋里。口袋里装满樱桃的卡内基，很高兴地跟着妈妈走了。

在回家的路上，母亲问卡内基："刚才老板对你那么好，你怎么不敢伸手拿樱桃呢？"

卡尔基笑着回答："我当然想拿，可是……老板的手比我的大，他一把能抓好多樱桃呢！"

年纪尚小的卡内基能控制自己一时之间的急躁，不让想要得到樱桃的欲望战胜自己的理智，最后终于获得了更多的樱桃。他长大后，无论是当纺织工人，还是当钢铁工人，总是根据自己所处的环境和低微的地位，努力塑造最佳的自己。他做事的原则是"不求一步到位，但求步步到位"。正是这良好的沉着、冷静和耐性，使他从一个普普通通的工人，变成"钢铁大王"、世界巨富。

钉钉子和拔钉子

有一个坏脾气的男孩，他父亲给了他一袋钉子。并且告诉他，每当他发脾气的时候就钉一个钉子在后院的围栏上。第一天，这个男孩钉下了 37 根钉子。慢慢地，每天钉下的数量减少了，他发现控制自己的脾气要比钉下那些钉子容易。于是，有一天，这个男孩再也不会失去耐性，乱发脾气。他告诉父亲这件事情。父亲又说，现在开始每当他能控制自己脾气的时候，就拔出一根钉子。一天天过去了，最后男孩告诉他的父亲，他终于把所有钉子给拔出来了。

父亲握着他的手，来到后院说："你做得很好，我的好孩子，但是看看那些围栏上的洞。这些围栏将永远不能回复到从前的样子。你生气的时候说的话就像这些钉子一样留下疤痕。如果你拿刀子捅别人一刀，不管你说了多少次对不起，那个伤口将永远存在。话语的伤痛就像真实的伤痛一样令人无法承受。"

上述两个故事说明，孩子的情绪尤其多变，他们会受环境和周围人的环境影响，如果孩子负面的情绪没有及时得到纠正和控制，那么后果可想而知。目前忧郁症、自闭症的孩子不占少数，自私自利更是现在孩子身上的普遍特征。但是如果父母都像故事中那位父亲那样积极引导，那么孩子在成长过程中会以更加健康的方式长大。

⏰ 阶段二：培养

孩子们要养成自我调节情绪的习惯，因为情绪由自己掌控。心理学上关于调控情绪的方法丰富多样，这里举出几种，供家长们参考。让你们不仅能

成功地调节自己的情绪，同时也帮助孩子们养成自我调节情绪的习惯，将这几种方法在日常生活中教给孩子们。

心理学上调控情绪的方法

（一）合理宣泄

孩子们，当你们心情不爽时，不要独自憋着，不妨把布娃娃、玩偶等拿出来，尤其是自己不喜欢的。拍它两下，折磨它几下，让自己内心舒服点。家长们不要阻挠孩子，因为大人们的世界需要这种发泄，孩子们亦是如此，我们得尊重他们的意愿。

（二）提高升华

这点是对孩子的高要求。提高升华，要求孩子们把负面的情绪转化成沉寂下来思考的力量。去读书吧！孩子们。在知识的海洋中徜徉会令你暂时忘却学业的压力、与同伴们的争吵和不愉快。或者，喜爱艺术的孩子们，去作画吧、去练琴、去舞蹈、去歌唱吧……这些都是让你们提高升华的手段。在提高升华后，从中得到无穷乐趣，是很容易忘记痛苦和忧愁的。

（三）转移注意力

和上述提高升华有异曲同工之妙。孩子们可以把注意力转移到自己喜欢的事务上，比如女孩玩过家家、男孩运动流汗……

（四）压抑遗忘

对于和同伴们发生争吵的情况，孩子们最好的方式就是遗忘。而事实上孩子们本身也是这么做的。大多数的孩子会自动地保留美好的记忆，不好的记忆会被他们过滤，这其实是一种自我保护。在孩子们心情郁闷时，不妨想一下以前美好的日子、快乐的回忆会让你忘却现在的不美好。

（五）语言暗示

在遇到心情不好时，可以暗示自己：这总会过去的，就像风雨过后总会有彩虹出现，明天又是新的一天，这个不算什么挫折，俗话说：失败乃成功之母嘛……积极的暗示作用巨大，它会使我们得到最理想的状态。

（六）幽默缓冲

即自嘲、自我安慰的意思。忧愁无解时，不妨学习下阿Q精神，这会让我们暂时获得心理的安慰，但是它可能不会持续很久。

（七）理智消解

我们总容易被胜利冲昏头脑，悲伤和愤怒亦是这样。于是，我们要保持清醒和理智，从客观的角度分析事情，得出客观科学的结论，是利于我们自己的。

（八）自我鼓励法

时刻自我鼓励，可以增强对自我的信心，发挥最佳状态，达到成功。不仅大人，孩子亦是如此。

（九）环境调节

当我们自身无能为力、无法调整情绪时，换一个环境或许是最明智的选择。环境改变人，环境改变人的心情。

（十）转换视角

我们总从自己的角度出发看待问题，于是看到的都是他人的问题，这样并不利于事情的解决。视角的转换，会让你找到达成事情的捷径。

（十一）音乐催化

俗话说，爱音乐的孩子都是好孩子。比如大部分著名的音乐家都是具有悲悯情怀的善良人。他们的作品也大都表现人间疾苦，表达对贫苦人民的同情，或是对勇敢与命运抗争的人们的赞美歌颂之情，抑或是对贫苦人民乐观积极的生活态度的赞美之情。音乐是舒缓紧张情绪、提高工作和学习效率的最好途径。否则它不会得以流传几百年甚至上千年。

学会心宁，就能战胜浮躁。当你遇上烦躁之事时，当你不知道该做什么的时候，我建议你什么也别做，先停下来，集中精力洞察一下自己的内心世界，心平气和地想想自己在做什么，为什么，有何价值？然后再问问自己："你真正想要的是什么？什么才是你人生中最主要的成功？"这样你就可以集中精力洞察自己的内心世界，摆脱不切实际的幻想，摆脱心中不太重要的事情，遇上烦躁之事时，也不至于迷失自己，找不到定位。

同时，孩子情绪的自我管理的习惯是需要家庭和学校两方面相互配合和协助的。

第二部分 生活

099

（五）培养孩子的理财意识

⏰ 阶段一：认识

俗话说，你不理财，财不理你。理财教育，是一种在生活中引导孩子体验和管理金钱的实践，也是引导孩子学会规划梦想和管理人生的生存教育，更是引导孩子学会感恩父母、建立责任感、获得独立自尊等健全人格的教育。正确的财富观念、理财意识和良好的理财习惯，将让孩子终生收益。

✏️ 理财意识应从小培养

看看美国父母对孩子的理财教育：

奥巴马在接受 ABC 电视台《早安美国》节目采访时透露，他正在教育两个女儿，12 岁的玛丽亚和 9 岁的莎夏，学习基本的理财知识，包括储蓄账户、银行利息和财务管理等。奥巴马认为女儿已经到了可以打工挣钱的年纪。替别人照顾孩子的小保姆工作也许是个不错的选择。除了"开源"之外，奥巴马还给她们办理了储蓄账户用以"节流"。目前两个孩子都能从父母处得到零花钱。

——摘自"儿童教育论坛"

连从未缺钱花的美国总统都如此为孩子设想未来，对他们做一些现实的教育，即理财的教育，何况我们平常百姓。研究表明，小学阶段是对孩子进行理财教育的关键期。美国父母希望孩子早早就明白自立、勤奋与金钱的关系，把理财教育称之为"从3岁开始实行的人生幸福计划",让孩子学会赚钱、花钱、有钱,与人分享钱财。他们鼓励孩子从小就工作挣钱,教导孩子通过正当的手段赚取收入。不仅口头上鼓励孩子这样做,同时也会付诸行动:

一、经常带孩子购物,示范明智消费

在寻找物美价廉的商品过程中,对孩子来说差价成为可触知的盈利证据。让他们在市场中调查、货比三家地比较商品的价钱,同样的商品不同的消费方式可以节省很多,差价可以成为一笔可观的"收入"。对于年长一些的孩子,这样的示范可以让他们在自己支配零花钱时更加节俭,买到物美价廉的商品,进行明智的消费。

二、模拟成人生活开支的训练

许多儿童生活在一个非现实的经济世界里,因为家里没太多的生活开支让他们承担,当他们长大后不得不开始自己付房租、水电费,买食物和衣服以及付交通费用时,会因缺少经验而束手无策。为了帮助孩子为未来生活做好准备,可以让年长一点的孩子为自己买日用品,为家里买菜、交电话费等。一旦孩子成熟了,家长还可以翻开账本,告诉他们,家中的钱是怎么花的,以帮助孩子了解如何掌管家里的"财政"。

我小的时候就经常被父母要求去菜市场买菜。拿着长长的列满蔬菜瓜果名称的单子,我游走在小商小贩的叫卖声中,从最初的胆怯到后来主动和他们砍价,我经历了一个漫长而有趣的过程。但是从中我也学到了一份责任的担当,体验到持家的辛苦劳累,从那以后也更珍惜生活中的一点一滴。

三、慎用钱褒奖或惩罚孩子

该不该给孩子零花钱?

零花钱,对于未成年的孩子来说是多么诱人的字眼。在发达的西方国家,父母们似乎在给孩子零用钱上都很吝啬,他们给孩子的极少,而且并非无偿的,而是有偿的。孩子需要帮助家庭做一些力所能及的小事,比如给花园里的花花草草浇水、修剪,做家务,照顾弟弟妹妹等等。甚至连洛克菲勒、沃尔顿这样的大亨都不例外。

美国富豪洛克菲勒教育孩子不要受到物质的诱惑,并从小用"14条洛氏零用钱备忘录"来要求他们。洛克菲勒家族认为,富裕家族的子女比普通家

族的子女更容易受诱惑。所以他们对后代的要求比寻常人家更加严格。父亲在经济上非常"吝啬"：每周给零花钱 1 美元 50 美分，最高不超过每周 2 美元。而且每周核对账目，清楚每一笔支出的用途。领钱时家长省察，钱账清楚，用途正当，下周增发 10 美分，反之则减。洛克菲勒通过这种办法，使孩子从小养成不乱花钱的习惯，学会精打细算、当家理财。他们成年后各个都是企业经营的能手。

沃尔玛公司董事长沃尔顿对子女的理财教育与其他人不同。沃尔顿不给孩子们零花钱，并要求他们自己挣。孩子们自小就养成了自食其力的好习惯，把打工挣来的一分一毫都当作自己的财富，小心使用，仔细管理。

——摘自《让孩子富裕一生》

而在我们的国家，给不给孩子零用钱一直是社会热议的话题之一。不少父母把"给孩子零花钱的多与少"看作评断不同家庭或者家族之间孰富孰贫的衡量工具。他们向外大肆炫耀："我儿子一个月的零花钱有一千多呢，但是我还是觉得不够。"这类父母只能是助长孩子的攀比心理，没有什么比这个更可怕的了。

但令人安慰的是，依然有一些父母依照传统的中国文化对孩子进行教育。香港亿万富豪李嘉诚让他的孩子从小就接受苦难教育，并且培养他们的理财意识，教导他们节俭。李嘉诚认为，"温室里的幼苗不能茁壮成长"，他就带他们看外面的艰辛。

如果总让他们身处在安逸的环境，一方面，孩子会对这个世界产生不正确的认识，不知道外面的艰辛。而另一方面，安逸的生活会使他们的斗志被磨灭。我赞同逆境出人才，当然我也不否认顺境对人的积极影响。所以说，父母对子女自幼灌输的理财方法，对他们的将来影响很大。试想如果李嘉诚的儿子们从小生活富足、无忧无虑，给他们花不完的钱，那么能否出现今天李嘉诚家族企业后继有人的局面？我想答案是否定的。

中国的现状

在中国多数的独生子女家庭，孩子伸手向父母要钱几乎不用付出任何代价。孩子们的压岁钱和零用钱越来越多，但他们理财的观念却没有随之增长。金钱这把双刃剑，可以让孩子在富裕的生活中健康成长，但同时如果缺乏健康完善的价值观的指导，它就会对孩子产生负面影响。因为对金钱没有概念，孩子往往在花钱上毫无节制，养成了难以改变的"败金"习惯不说，甚至长大后成为"啃老族"中的一员。很多家长通过"劳动就给奖励"的方式激励孩子主动劳动，结果孩子只认钱，但是丢掉了责任感，这也是得不偿失的一种做法。许多家长没有意识到，让孩子学会花钱也是一种"成长需要"。理财观念的培养，不仅可以培养孩子合理的消费观，还能培养孩子社交能力和独立生活的能力，更是为孩子未来发展所储备的"第一桶金"。

上面讲到几位理财高手培养孩子理财能力的实例，那么面对这纷繁的世界，家长们该如何帮助自己的孩子树立一种正确的金钱观呢？接下来几位专家为大家介绍一下如何培养不同年龄段的孩子的理财能力。

3—6岁

银行家尼尔·高德佛瑞建议家长对幼儿进行游戏教育，让孩子从小认识钱币，了解找零钱。当孩子稍大一些后，可以带他去购物，并和他讨论所购物品的价格。

几乎每个家长都会遇到这样的问题，一带孩子购物时，如果不给孩子买他要的东西，他就会生气耍赖。为避免此类事情发生，最好在出门之前就和孩子讲好"条件"：只买一样。这样，孩子就会在整个购物过程中仔细考虑他要的东西。对于孩子的过分要求，即使你买得起，也应该对孩子说"不"。慢慢地，孩子会知道不是他们想要什么就有什么。

此外，还应教会孩子学会给予。要让他知道不是每个人都有机会上学念书，都有温暖的家，都能穿漂亮的衣服。要让孩子去接近、去关心、去帮助在困难中的孩子。多带他们去看望希望小学读书的孩子们，学习他们在艰苦环境中坚持不懈、奋斗不止的精神品质。

103

第二部分 生活

7—12岁

这个年龄段的孩子已经处于小学阶段。在7岁左右已能懂得行为与结果之间的关系，并开始自己做出决定。关于零花钱该不该给呢？其实大部分家长依旧是赞同给的！为什么？小学阶段的大部分孩子还只会拿零用钱来买一些小零食、小玩具。他们贪吃并贪玩，这是情有可原的孩子的天性。同时这也是培养孩子独立支配钱财能力的一种考验。在孩子7岁左右家长就可以开始给孩子零用钱。但家长一定要记住，给孩子钱的目的并不是让孩子去炫耀家庭的经济地位或解决生存之必需，而是要让孩子学习如何使用与管理金钱，这是给零用钱的最重要的目的。当孩子手里拿着有限数目的金钱时，他就会学着取舍，因为他买不到一切想买的东西。

有些家长把零用钱的多少与孩子的成绩高低或做家务多少联系起来，也有些家长给零用钱没有限度，孩子随要随给，这样做究竟好不好呢？要回答这个问题，需要我们不断反思给孩子零用钱的目的，这就是：让孩子学习如何使用与管理金钱。凡是不利于实现这一目标的做法，都是不足取的。

孩子应该做一些力所能及的家务，也应该努力学习，这是他们的责任。如果在学习和做家务之类的事情上付钱给孩子，某种程度上说是在"贿赂"孩子，这是不利于孩子建立正常的责任感的。给钱没有限度，肯定不能让孩子学会如何使用与管理金钱。

零用钱还给孩子提供了一个学会节省的机会。有一对夫妇，丈夫是律师，妻子是教师，生活还算可以。他们每周给女儿5元零用钱。夫妇俩每月都把一定比例的钱存起来，他们也鼓励女儿这样做。女儿说，她的一部分零用钱用来买漫画书和学习用品，剩下的存银行。"等我长大了，我要拿我存的钱买一幢房子、一辆车，还可以用它去帮助有困难的人。"生活并不十分困难的这对父母竟然每周只给孩子5元零用钱，这似乎在很多父母和孩子眼里是天方夜谭，但是它确实帮助孩子形成了节俭的好习惯，是值得我们很多父母学习的。

13—17岁

这个年龄段的孩子从小学跨越到了中学。他们应该掌握怎样控制消费。父母到底该不该给孩子买他企盼已久的新款名牌运动鞋呢？这是许多家长都会遇到的典型问题。如何决定，不仅取决于你的收入水平，还取决于你和你孩子的价值观。香港一位姓韩的保险业女士开始反对给她的孩子买那么贵的名牌运动鞋，不过后来，她改变了主意。她说："实际上，名牌鞋更耐穿，而且样子确实好。"让韩女士感到欣慰的是，她的孩子已逐渐学会了合理支配手头的金钱。她和孩子关于物品性能价格比的讨论，开始起作用了。从这位女士身上，我们也可以学到，不是为了培养孩子节俭，就一定得把孩子打扮得"穷困潦倒"。这个年龄段的孩子，自尊心在不断加强，父母稍不留神就会伤了他们的自尊心。所以，教育的方式还是因人而异的。如果孩子喜欢名牌，但他的目的并非为了和同学攀比，只是追求品质，那么如果父母有这个能力，确实应该满足孩子。

当孩子向家长要钱时，家长不要总是有求必应，要多少给多少。孩子不那么容易拿到钱，有利于培养他们的独立与自尊。如果家长不赞成孩子穿名牌服装，那么就对他说"不"，并向他说出你的理由，这样有助于当孩子独立面对奢华诱惑时，理智地做出自己的判断和选择。

对十几岁的孩子进行金钱观教育的终极目标是培养他们的经济独立意识。做父母的不妨自问："当我的孩子成人时，他能够处理好自己的经济问题吗？"如果你的回答是否定的，那么现在开始帮助他、引导他，为时不晚。

⏰阶段二：培养

理财，不仅是一种意识，更是一种能力。从小培养孩子的理财意识，是一种能力的培养，对他们的未来益处多多。

父母需要了解的

几种常见的理财手段

要培养孩子的理财意识，父母就应该让孩子了解现行的一些理财手段。理财手段种类繁多，这里挑选几种供家长们参考，请及早开始为您的孩子和家庭的未来做打算吧。

一、教育基金

即教育储蓄。它跟普通的储蓄有什么区别呢？实际上，教育储蓄是在校学生在非义务教育期间办理，是为上高中、大学、研究生做准备的一种储蓄。拿身份证到银行开户就可以办，高中、大学、研究生三个阶段可办理三次，每次最多只能累计存到 2 万元，取的时候必须有录取通知书或所在学校开证明才能享受不扣利息税。

它的最大好处就是一旦有了学校证明，就可以免除利息税，这是十分诱人的优惠条件。家长们不妨从现在开始为孩子储蓄一笔专门的教育基金，以便满足日后孩子想要出国留学深造，或是继续国内读研、读博的需求。

二、股票投资

说到股票，似乎离我们的孩子们有点陌生且遥远，但是必要的了解是有利的。

股票投资是投资理财的重要手段。股票具有很强的政策性、规范性和技术性，是一项高收益、高风险的投资活动。但就是这样一个高风险的投资，却吸引了不少青少年的关注，也涌现了不少炒股神童、天才操盘手等。

北京大学证券研究所所长吕随启曾透露：他一直在积极开发孩子的财商，早在孩子 8 岁时，就开始教他炒股票、炒权证。而他的孩子吕桑源表现得超出其年龄的成熟，他会说出挑选股票的理由。不少父母惊讶于吕桑源的早熟，感叹"赚钱要从娃娃抓起"，也引发了家长们的热议，到底应不应该让 8 岁的孩子学炒股？难道炒股就是财商提高的第一步吗？过早地让孩子接触金钱与股票是否有拔苗助长之虞？

——摘自理财频道"私人财富"

如吕所长所说，孩子的财商是继智商、情商之后重要的一个方面。应该在孩子很小的时候就积极开发他的财商。纵使大部分的家长培养不出股市的天才，但是关于股票的知识的灌输，将有助于孩子对现世的理解。尤其如果父母是股民，孩子在这样的家庭中成长一定会耳濡目染一些。这时如果孩子有什么疑问需要你来解答，父母一定要耐心地为他解答疑惑。不要认为，如果告诉孩子这一切，孩子会钻进钱眼儿里。他们只是好奇，只是疑惑：这些大人在干吗？为什么要每天关注像心电图一样的东西？

三、银行储蓄

这是最常见、最被广泛使用的一种理财手段。

招商银行的一位理财服务专家在向储户们进行理财培训的时候曾说："过分的消费欲就是理财的大敌。大多数人的实际存款数要少于他们能够存的数目。"这位理财专家称："对很多人来说，花钱是种愉悦的享受，存钱反倒是种痛苦的惩罚。但岂不知花钱的愉悦可能换来的是未来的痛苦。"

不少"月光族"的出现，正是因为他们没有储蓄的意识。总是赚多少，花多少，当把自己赚的那一份花完了，就开始向身边的亲朋好友下手。父母们在避免让自己成为"月光族"，让家庭入不敷出的同时，也要记得培养孩子储蓄的习惯。

金钱好比肥料，如不散入田中，本身并无用处。

——［英］培根

改掉孩子爱花钱的小毛病，强迫他们自己存钱

第一，强迫孩子少吃不健康的垃圾食品。小孩子都爱吃零食，总管不住自己的小嘴儿。他们不知道那些零食既不卫生、又不营养。学校周边的小商店的食品质量都无法得到保证。对于此，学校应该负起责任来，应该告诉孩子自己家的饭菜最可口、最有营养，街边的食品会让孩子们坏肚子。

第二，最好给孩子开一个户，用于发放零用钱以及存储孩子自己的压岁钱。让他们管理自己的钱财，或者是和父母一同管理。对形成他们独立的理财意识意义重大。

第三，让孩子每天从零花钱里拿出 5 元，放进一个信封。每月把信封里积攒的一定数目的钱再存入孩子的存款账户中。记住积沙成塔的道理。假定每天存 5 元，每月就是 150 元，一年就是 1800 元。到时候孩子想完成的心愿和梦想可以通过这笔资金来完成，我们暂且可以称它为"梦想基金"。

第四，让孩子写出自己的目标。开始关注你为什么存钱。存钱不是最终

目的，存钱是为了实现你的目标，你是想买玩具？买电脑？还是打算将来读书深造？或去投资？总之，把目标统统写下来，然后贴在书桌上、电脑屏幕上、任何孩子会经常看到的地方，提醒他们时常想起自己的目标。这是一种理智消费的体现。同时也利于他们树立目标，体验追逐目标的快乐之感。

第五，一旦孩子养成了储蓄的习惯并能一贯坚持，接下来就是该考虑如何获得更高回报的时候了。所以可以在孩子坚持了很长时间后，给他以小小的奖励，满足他一个小小的心愿，增强他的信心，坚定他储蓄的热情。并告诉他，这是一个良好的开始，坚持下去，你就是最棒的！

父母关于"有钱人，才需要理财"的误区

很多父母，尤其家庭不太宽裕的父母，中国传统的小农思想往往钳制住了他们的思想。在他们看来，钱都是省出来的。他们不理财，不开源，只知道一味地节流。

理财的目的，确实也不在于要赚很多很多的钱，而是在于使将来的生活有保障或生活得更好。所以说理财不只是有钱人的事，工薪阶层同样需要理财。善于计划自己的未来需求对于理财很重要。父母们应该做孩子的好榜样。要会生活、会理财。

如何使用压岁钱

作为学生，最大的年收入应该就是压岁钱吧。那么应该如何使用这笔可观的收入呢？

（1）交学费：一方面减轻家长经济负担，一方面培养学生的自立精神和家庭责任感。

（2）旅游：与朋友结伴短途旅游，既开阔视野、增长知识、陶冶情操，还可以锻炼学生为人处世的能力。

（3）为自己购买必需品：比如某件物品我们早已"觊觎"良久，压岁钱在这个时候可以发挥它的作用。

（4）给身边的亲朋好友买一件礼物：这是沟通感情的一种方式。从中孩子们会收获快乐和惊喜、幸福和满足。

温馨贴士：

　　金钱如果能买到可以让别人看来很幸福的一切东西，那也是发挥了它的重大作用哦！

理财的步骤

这个步骤，不管对于家长还是比较大龄的孩子都有极大的启发作用。希望家长们可以为自己和孩子参考一下：

（1）评估需要

你需界定什么是你渴望得到的，什么是你需要得到的？

首先，客观评估自己的财务现状制订两张清单，分别列出："渴望"得到的东西、"需要"的东西。

每写下一个新的项目，请先回答以下问题：

我为什么渴望得到这个东西？或为什么我觉得需要它？

如果我拥有了这个东西，我的生活会有什么不同？

拥有这个东西，对我有哪些好的变化，或是坏的变化？

什么东西对于我来说是真正重要的？

拥有这个东西，是否符合我的价值观？

如下表：

"渴望"得到的		"需要"得到的	
物品	原因	物品	原因
iPhone	潮流，炫，功能多，应用多，用起来方便，但不是必需的。	电脑	交友，生活，旅行，生活，理财，学习，各种必要的需要。
微单	旅行需要，但不是急需的。		

（2）制订目标

制订目标的过程设计是把"需要"转化为"目标"。目标是你努力得到的结果，你可以有长期目标和短期目标，也可以有每日、每周、每年甚至一生的目标。

第二部分　生活

明天你想做些什么?

不知不觉之间,你可能已为自己制订了一个短期目标。有些目标是要在下一年度或更长时间才能实现的,如为度假旅游或为还清债务而储蓄。短期目标可以是两年甚至五年,长期目标则可能包括五年以上的理财计划,如养老金储蓄、子女大学教育或购置度假房屋等。

你的财务目标应该是明智的,包括:具体的,可衡量的,可达到的,现实的,有时间性的。

(3)制订计划

为你的人生作计划非常重要。

请自问:"我想在五年、十年和二十年后生活得怎样?"有了答案后,你便可构思下一步的行动计划,以达到目标。比如你的目标是在40岁前有车有房,那么你得考虑将来从事什么职业才能赚到足够多的钱,是经商吗?高中分科时应该选什么?如果大学要选经济学或金融等专业,那么哪所大学经济类专业比较牛呢?经过了解后有了大致的目标,紧接着了解那所大学该专业的录取分数线,就能决定你高中的学习强度了。

你能够想出的步骤越周密,你成功的可能性越大。下一步就是按重要性排列这些步骤的次序。你首先要做什么?下一步要做什么?最后做什么?

温馨贴士:

不要总把"计划赶不上变化"挂在嘴边作借口哦!成功永远属于有计划和准备的人!

关于学校

学校关于传统美德的教育

节俭自古便是中华民族的传统美德。加强中小学生勤俭节约的教育,既是继承我国传统美德的要求,又是时代发展的需要。比如从小给孩子一个存钱罐,培养孩子储蓄的意识等。

为何在中国，孩子们都必须穿校服

不只是为了统一学生们的服装，让他们看起来整齐划一。学校的意旨更在于防止学生们互相攀比。

校园里学生比吃比穿已成为一种风潮。家境较为富裕的家庭，在为孩子提供优越的生活的同时，也造成了他们攀比和虚荣的心理。这会造成孩子价值观的误区，认为凡事只要是贵的就是好的。攀比有一定盲目性，会造成孩子拜金的习惯，对金钱的认识不够正确。伸手就来的金钱造成他们对金钱的来源一概不关心，只顾花钱不顾如何赚钱。这无疑对家长造成了沉重的负担。

> 节约是避免不必要开支的科学，是合理安排我们财富的艺术。
>
> ——[古罗马] 塞涅卡

所以作为学校，作为教育工作者，应该怎样正确引导孩子养成正确的价值观是迫在眉睫的问题。

社会的责任

培养孩子的理财意识，社会也充当着重要的角色，尤其大众媒体。网络上层出不穷的炫富的富二代，或是富二代的女朋友等等，对于孩子起到了什么作用？引导了他们正确的消费观吗？没有。给予他们正面的积极向上的力量吗？没有。当然，你可能会说，网上的这类消息又不是给孩子看的。但是，社会媒体是否应该给孩子指引正确的方向呢？这无处不在的媒体，无时无刻不包围着我们的孩子。

社会应该承担这样一份责任，为孩子营造更美好的世界，形成他们正确的人生观、价值观。让他们打消"有钱能使鬼推磨"的念头，但也并不是非得让他们坚信"钱是万恶之源"，只是对金钱有一个简单而单纯的客观认识，让它作为日后生活的一个工具和手段，并非人生的目的，这是社会应该做的！

第二部分 生活

第三部分　学习

（一）培养孩子主动学习的习惯

阶段一：认识

知之者不如好之者，好之者不如乐之者

"知之者不如好之者，好之者不如乐之者"，这句话出自《论语·雍也》，意思是说：对于学习，了解怎样学的人，不如爱好学习的人，爱好学习的人，不如以学习为乐的人。这里虽然强调的是学习的乐趣，但我更要说：一个人如果对于一项知识没有一个先期的主动了解，又怎能对其产生兴趣。因此我的观点是：爱好学习的前提是主动去学习，从而了解你所学的知识，进而产生学习的兴趣。

什么是主动学习？主动学习，就是把学习当作一种发自内心的，反映个体需要的活动。主动学习出于托尔曼闻名于世的认知学习实验，即认知范式理论，这一理论要求学习者作为一个积极的参与者出现，学习不是机械的记忆信息，而是理解信息的过程。

主动学习的社会意义

20世纪60年代随着人类社会的不断进步，技术革新的迅速发展，以及社会结构的急剧变化，生产、流通、消费等领域的经济结构也发生了重大的变化，并且影响到人们的日常生活方式和普通家庭生活。人们面对的是全新的和不断变化发展的职业、家庭和社会生活。这时如果想要适应社会环境的变化，人们就必须用新的知识、技能和观念来武装自己，因此就出现了终身教育这个概念。所谓终身教育，就是指人的一生必须通过不间断地接受教育和学习，来达到不断更新知识，保持应变能力，使自己的观念符合时代的、社会及个人的需求。因此终身教育理念一经提出，就获得前所未有的重视。目前世界上有许多国家和政府把终身教育作为本国教育改革的总目标，努力将其纳入规范化渠道，甚至以终身教育的原则来改组、设计自己的国民教育体系，试图建立一个从幼儿园到老年大学、从家庭到企业教育的全面实施的终身教育体系。

——摘自《如何改变自己的习惯和人生》

"活到老，学到老"，知识是无穷无尽的，一个人所拥有的知识永远是不能算多的，而且也是永远都不够用的，所以作为孩子，要培养其从小就养成一种主动学习、热爱学习的习惯，这样在这个飞速变化着的时代中才会更好地立足，为国家做出贡献，"成为一个对社会有用的人"才不会成为一句空话。

主动学习对于学生的意义

主动学习是孩子顺应经济时代的必然要求，是未来世界对孩子的呼唤。

自觉主动地学习，是孩子开掘自身潜能的最佳途径，是父母、老师塑造孩子的必经之途。自觉主动地学习，是素质教育发达的美国和日本不约而同地提倡的一种家庭教育的理念。每一个父母都渴望孩子能积极主动地求知，自觉主动地学习；因为这样既能把孩子塑造成独立探索的英才，也能使父母从教子纠缠中解脱出来。

——摘自《习惯成就一生》

第三部分 学习

113

孩子未来的任务从小的方面说是找一份工作养家糊口，孝敬父母；从大的方面说是保家卫国，为国家的发展做出自己的贡献。而只有自身不断地学习，用新的知识武装自己，让自己的思维和知识储备跟上时代的潮流，才会在未来的世界中能够更好地生存，更好地发展。

踏入社会，走上工作的岗位，是每一个孩子将来都要面对的问题，一个积极主动的学习态度和行为，往往可以为孩子在以后求职的道路上添砖加瓦，找到自己理想的工作。

近来无事，常常在工作之余关注中国教育一频道的"职来职往"节目，其中我发现在好多求职者去应聘的时候，现场的 18 位职场先锋很关注应聘者在日常的学习情况。清楚记得其中有一位 36 岁的农民工，他虽然是初中还没有毕业就被迫辍学，但是他在生活中、在工作中总是尽力抽出时间去学习、去写诗，就因为这样，他这种学习的精神和态度感动了现场的 18 位评委，最终找到了一份自己理想的工作。还有一位硕士毕业生，她的学习成绩非常优异，从小学到大学、到硕士，她一直是埋头学习，其间每年都会拿到学校的各种奖学金，但没有一点社会经验，即便是这样，还是得到了职场先锋们的认可，给了其理想的工作。有一位达人点评时说："我相信在座的另外 17 位和我的想法一样，我们认可她的原因很简单，是因为她具备主动学习的能力，即便是她现在没有社会经验，但是一个具备主动学习能力的人，以后无论她在哪一个岗位上，相信她都会很优秀。"

温馨贴士：

> 让孩子养成主动学习的习惯，是老师、家长送给孩子人生最好的礼物！

后来在应聘成功后，这位女孩儿说了这么一句话："大人、老师们还是认可和喜欢能够主动学习的求职者。"可见主动学习对于一个人的重要意义。

阶段二：培养

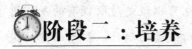

父母要行动起来，培养孩子主动学习的习惯

中国是一个历来以考试评定学生成绩好与坏的国家，中国的应试教育早已灌输给了孩子这样一种观念——学习是为了考高分，学习是一种任务。

父母是孩子最好的老师，因此父母要帮助孩子认清学习的目的，告诉孩子学习的真正意义。并且要注意的是，在帮助孩子的过程中，父母提出的每一个要求都应是具体的，具有可实施性，符合孩子的年龄特征和心理特征，并且要让孩子真正明白父母所说的话的含义，不要总是向孩子提出一些空洞的要求，例如"你要好好学习""学习要靠自己""如果不学习，你将来会后悔的"等之类的话，因为孩子并不知道，父母眼中所谓的好好学习，学好的标准是什么？是每次考试得第一名，还是自己在学习中有所进步？要求不具体，会使孩子长期处于一种迷茫状态，久而久之孩子迷惑了，也就对父母的话赶到厌倦，从而产生一种逆反的心理。

我也是从孩童时代一步一步成长起来的，小时候爸爸、妈妈、周围的人也是这样不断地告诉我"你要好好学习,长大了才有出息,我们还要靠你养老"等类似的话。那些话说得次数多了，我也会很烦很烦，时间久了，就形成了一种观念"我的学习是为父母学的"。

现在想来，其实那时候我的学习从未进入到一种动脑学习的境地，也就是没有在学习中找到自我，从未主动地学习过。

那么，家长怎样使孩子能够做到主动学习呢？

促使孩子自觉主动地学习，需要家长更新家庭教育的理念，遵循启发引导的教学原则，巧妙地运用卓有成效的教子策略，需要父母坚决的摒弃一切陈腐不当的家教方法，更需要家长具备冷静的教子理智和匠心独具的教子智慧，家长至少应该在学习指导中做好以下几件事情：一是让孩子给父母讲题，做孩子的学生。如果孩子能够讲出思考分析的过程，就表明孩子在进行用脑学习，还可以鼓励孩子写出解题理由来。二是引导孩子依照书本上的例题编

第三部分 学习

辑。这是对所学知识有意识地进行综合利用，也可以说是对所拥有的知识进行创造性运用。孩子将会对自己所学的知识、所做过的题目、积累的方法进行组合，就会形成学习上的创造活动。三是引导孩子有效地复习。复习是站在新角度审视以往所学过的知识，将复杂的问题简化，以建立知识之间的联系；又将简单的问题复杂化，实现深入浅出。四是引导孩子用想象力理解知识。想象力是思维的翅膀，没有想象力的思维就像没有马达的机器。所谓想象力，实际上就是将知识形象化，在大脑中形成各种各样的图。

——摘自《习惯成就一生》

我认为，在生活中，想要让孩子能够养成一个好的习惯，我们还需要对孩子哪怕是一点微小的进步，进行鼓励，家长也要懂得赏识教育。

我身边就有这样的例子，我有一个非常好的同事，她有一个女儿叫鑫鑫，在鑫鑫刚完成幼儿园的课程时，学校给了她们夫妻两个去美国进行为期一年的交流学习的机会，他们带着女儿去了美国，因此鑫鑫一年级的课程是在美国完成的，后来回国后鑫鑫升入二年级，因为脱离了一年的国内教育，孩子在写字拼音方面与同班同学差了很多，总是被老师批评，长期以来孩子就处于失落的状态，回家甚至不愿意看课本，不愿意做作业。后来，我的同事开始对孩子进行赏识教育，当孩子写好一个生字或得到老师的一个 A 时，我的同事就开始称赞孩子，并常常竖起大拇指或是亲亲孩子，说一声"闺女，你真棒，看这个字写得多好啊，就照着这样继续努力，下次一定拿 A+""咱家鑫鑫，真了不起"等鼓励的话，当老师批评孩子后，我的同事总是帮孩子分析原因，并不断地鼓励孩子。后来通过我同事的不断鼓励，鑫鑫越来越爱学习，每次回家第一件事儿是先去完成自己的作业，并为自己制订学习的计划，当孩子在期末的时候，各方面的水平已经赶上并超过她的同学，现在每年都担任着班级干部，孩子也越发自信起来。

人的行为常常需要外界给予认可，从而激发其行为向更好地方向发展，孩子幼小的心灵更需要周围人给以关注和赏识！

教师要付诸行动培养学生主动学习的习惯

现在的社会，这已经成为一种定律——孩子基本上从三岁左右就被送入幼儿园，到步入社会，有二十年左右的时间，这期间孩子几乎是在学校中度过，家有时像一个酒店，只提供孩子的吃穿住行。

一个人的一生拿八十岁来计算，那么他有四分之一的时间是在学校中度过的，是在老师的教育下度过的，作为老师，在孩子良好习惯的培养中，责任之大、意义之深重，可想而知。

那么老师如何培养孩子主动学习的习惯呢？

1. 要让学生把学习当作自己的事情

老师要设法让学生把学习当作自己的事情，而不是一种被迫的责任，认真扎实地做好学习中的每一件事情，思考并解决好学习中所遇到的每一个问题，处理好自己在学习中的每个细节，进行自我管理，这样学生的学习才会达到预期的目的。

教师可以运用榜样激励作用。孩子的模仿心理和求胜心理比较强，因此老师需要在课堂上适当地给孩子们讲一些名人的事例，并且对于名人的那种好学精神进行赞扬。例如老师可以为孩子们讲诺贝尔化学奖得主海洛夫斯基的故事。在海洛夫斯基小时候的一天，他从学校回家，愁眉苦脸的，吃饭也心不在焉。妈妈发现他不开心，问他怎么了，他说："没什么，老师布置的一道题我做错了，现在还没找出错在哪儿。"饭后他又开始思考那道错题。这时姐姐弟弟们正在玩游戏。过了一会儿，弟弟来敲门，邀请他一起玩，他说要先把那道题做出来。又过了一会儿，姐姐也来邀请他一起玩，他仍在演算题目。姐姐热心地说："要不我帮你把它做出来，这样你就可以和我们一起玩了。"他说："不，姐姐，还是我自己来吧！"果然，他很快就把题目做出来了。然后快乐地和姐姐弟弟们一起玩游戏了。老师在这时候可以说："海洛夫斯基从

第三部分 学习

小把学习当成自己的事情，对待学习的认真态度，真让我钦佩，我的学生如果都像他这样，我会很开心，很敬佩他的。"

这样，会在学生的心中种植一种——把学习当作自己的事儿，会受到老师的表扬和喜爱的心理。小孩子为得到老师的表扬就会进行主动学习，久而久之，也会养成那种把学习当作自己的事情的观念。

2. 带领学生参与教学活动

现代著名教育家、心理学家布鲁纳强调："教一个人某门学科，不是要他把一些结果记下来，而是教他参与把知识建立起来的过程。"这就是说要培养学生主动学习的习惯，教师就应在教学中最大限度地引导学生参与教学活动，要展现知识的发生过程，把静态的知识结论变为动态的探究过程。想要做到这一点，可以从以下几方面入手：

（1）抓住时机，及时鼓励学生

我们都知道，不同的人有着不同的个性。学生素质也存在着个体差异，有的学生思维活跃，而有的学生思维速度比较慢；有的学生对问题思考深刻，而有的学生则思考深度不够。但是，鼓励和表扬是激发一个学生学习探究最好的催化剂，只要学生有主动学习的意识或最初步的行为，做教师的就应给予及时的肯定。这样会激发孩子的学习热情，让孩子感觉到自己的付出是有意义的，从而从内心深处愿意去这么做。

（2）教师要为学生创造条件，并鼓励学生参与

主动学习最有效的办法是让学生参与到问题的研究、探讨中来，让学生感觉到这是自己的事情，自己应该动手做，而不是让学生去被动接受知识。而这种参与需要老师事先创造条件，经过巧妙的调动和精心的安排。比如，在上课时让学生和老师换位思考，或者把任务给学生布置下去，在下一次上课的时候让学生做"老师"，鼓励学生站在老师的位置上来表达自己的见解。举一个例子，当我们在上化学课学习 SO_2 的性质时，在盛有 SO_2 漂白的品红溶液（无色）的小试管上部放一小块红色花瓣，加热试管，溶液变红而花瓣变白，通过现象的奇特去激发学生思考 SO_2 漂白与 Cl_2 漂白的不同。并让学生走上讲台，由学生当小老师去为同学讲解，在这一过程中他所观察得到的现象及他对问题的讲解，并让同学发表不同的意见，充分地进行言论自由。

在热烈的讨论中，让学生去思考，去分析。

（3）设置悬念，步步引入，激发学生主动探索的兴趣

现在的教学决不提倡那种灌输式的传统教学方法，而需要教师在课前精心设计一些有目的性、渐进性和思考性强的问题，去引导学生，激发其去思考，让学生的思维处于一种思考的状态，并在课后留下一些悬念，让学生自己去探索，进而让其养成主动学习的习惯。

3.设立积分刺激制度

中国一直以来流传着一句俗语"学分学分，学生的命根"，学生受社会环境影响，产生了一种"短视"，他们在课堂参与中得不到实际的利益，就不愿意回答问题。这是老师要帮助他们去改正的一个坏习惯。

学校之外有很多值得我们借鉴的地方，超市购物有积分卡，节假日有活动，有折扣，刺激顾客重复消费，这种积分制度能不能引入到课堂当中呢？这种积分制度其实就是我们平时记分册的翻版。关键是我们如何利用这些积分刺激学生学习呢？

"饥饿营销"：商场有时故意出货少，造成一种供不应求的现象。如每人限买一瓶优惠价的食用油，你就会让全家出动，每人买一瓶。前面说到限定每人每周只能回答10分的问题，就是一种"饥饿营销"。你越不让学生回答问题，他们反而更愿意去回答。其实就是孙子兵法中的"欲擒故纵"。

"积分兑换"：学生的期末积分很可能超过60分，多余的分数我们也要让它起作用，比如超出的10分可以让他少写一次周记，超出30分的可以兑换老师赠予的一本小书。部分学生的表达能力短时间提高不了，导致分数很低，那么学生还可以通过做一些额外的功课，比如写一篇诗歌兑换1分，写一幅书法作品兑换2分，一篇读书笔记兑换3分来增加积分。让表达能力不强，但有特长的同学也能获得积分。

通过两个月的实验，积分没有成为学生头上的一种压力，反而成了一种乐趣，当然这种积分法只是一种初级动力，积分也许不能具有长期的有效性，积分法只是首先要学生形成一种观念"成绩是靠自己积累的，不是老师授予的，分数也不是老师扣去的，是自己的不良学习习惯导致的"，积分制度最终目标

119

是培养学生一种主动参与课堂的习惯。

——摘自黄锦香《培养学生主动学习的习惯》

孩子应如何做

培养孩子主动学习的习惯，家长和老师发挥着不可替代的作用，但是学习的主体是孩子，所以，要养成主动学习的习惯关键在于学生。要养成一个好的学习习惯，孩子可以从以下方面来锻炼自己。

一、要加强对自己的管理力

始终把学习放在首位，可以经常以名人名言激励自己，或是以自己最崇拜的一个伟人为自己追求的目标，采用假想法，每当自己想玩的时候，就想一想，自己的偶像这个时候是在做什么，自己的偶像之所以取得成功是这样玩乐的结果吗？并不断地告诫自己答案是否定的，然后投入学习。

二、要给自己制订一个切实可行的学习计划

有目的、有计划的学习才能达到预期的学习效果，人都有惰性，孩子更是如此，因此需要一份切实可行的计划对自己进行鞭策。

制订学习计划，可以从以下几方面入手：

1. 进行自我分析

（1）分析自己的学习特点，父母要仔细分析孩子的学习情况，找出学习特点。孩子接受知识能力快还是慢，对问题理解能力强还是弱，是记忆力比较好还是记忆力稍微逊色的。每个孩子都有自己不同的特点，只有知道自己的优劣才可以制订出符合孩子自身发展的学习计划。

（2）老师要帮助孩子分析其学习现状，看他在全班同学中学习成绩的名次，并要与前面做比较，看孩子是进步了还是退步了，是有所偏科还是每一门课程成绩都平平，看其在哪些课程有提升的空间。

2. 确定学习目标

学习目标是学生学习的努力方向，正确的学习目标能催人奋进，从而产生为实现这一目标去奋斗的力量。没有学习目标，就像漫步在街头不知走向何处的流浪汉一样，是对学习时光的极大浪费。确定学习目标一定要根据自身的实际情况和外部环境对其学习的影响，在制订学习目标时，一定要适当、明确、具体，具有可操作性，不刻意夸大事实、目标过于宽泛、好高骛远。

3. 科学安排时间

确定了学习目标之后，就要通过科学地安排、使用时间来达到这些目标，要符合"全面、合理、高效"的要求。

孩子可以把自己一天的时间分为四大部分：早上起床到上学，上午上学到下午放学，下午放学到吃晚饭前，吃晚饭后到睡觉。孩子们主要应在这四段时间里统筹安排自己的学习生活内容，但是，在进行时间安排时，应注意以下两点：

（1）要突出重点，意思是说，要为自我分析中的自己的薄弱学科预留出相对较多的时间，重点突破。

（2）计划不要排太满太紧，孩子的精力是有限的，如果自己制订的计划太满太紧，每一天都没有课余的时间留给自己喜欢的事情，久而久之，孩子会形成一种学习上的心理负担，也就失去了计划的意义。

4. 定期检查

制订了计划，一定要实行。为了使计划不落空，要对计划的实行情况定期检查。可以制订一个计划检查表，把什么时间完成什么任务，达到什么进度，列成表格，完成一项，就打上"√"，同时可以要求父母监督自己计划的实施情况，并可以为自己制订一个惩罚措施，在自己没有达到自己制订的计划的时候，对自己进行惩罚。

三、养成自学的习惯

需要做到以下几个方面：

1. 课前预习

课前预习是在课堂上获取最大收获的关键，课前预习的好处有：提前熟悉课文，知道自己不理解不明白的地方。这样在上课时不但能加深对自己已熟悉的知识的理解和巩固，而且还可以就自己不理解的问题，在课堂上得到解决。

2. 学会听课

课堂上老师讲的知识可是泼出去的水，真金难买。要想提升成绩，唯有上课专心听讲，这是获取知识的重要渠道。在课堂教学中，不但要全身心投入，而且要动用五官，让每一个细胞都参与其中，做到在动中学，在学中动。

第三部分 学 习

3.学会做课堂笔记

也许会有同学认为，做课堂笔记不就是上课拿支笔，把老师在课堂上所讲的内容全记下来嘛，其实不是这样的。在高中时期我有幸遇到了我的语文老师——一个有着三十多年教学经验而且连续五年获得"市级教学能手称号"的老师，她交给了我们一套记课堂笔记的方法。首先是笔记本，要在笔记本的一侧留出四五厘米的距离，用来记录自己在老师讲课的过程中所受到的启发；第二，上课只记老师讲的框架，主要听老师讲课的内容；第三，课后认真整理老师上课所讲的东西。她说这样是对知识的巩固，加深印象；第四，每周对照自己的书本把笔记上的东西在头脑里过一遍，并进行知识的简化概括。

4.学会复习

大多数的孩子认为，复习就是把书本和笔记一遍又一遍地看，其实会学习的同学都知道，复习并不是简单地一遍一遍看课本，而是合上课本以后，你所学过的知识，在你的头脑中有一个整体的框架。并在练习的过程中不断地对自己学过的知识进行总结整理，有针对性地做练习题。

根据艾宾浩斯遗忘曲线，遗忘在学习之后立即开始，遗忘的过程最初进展得很快，以后逐渐缓慢。例如，在学习 20 分钟之后遗忘就达到了 41.8%，而在 31 天之后遗忘达到 78.9%。所以在学习的过程中，需要孩子加强对知识的反复理解记忆。这样几次之后就会记住所需要记的内容。

5.应考能力的培养

考试一直是中国选拔学生的一个重要方法，所以培养孩子的应考能力，必不可少。常常有这样一种现象，有的孩子在平时学习非常好，然而考试成绩确不尽如人意，这是其应考能力的问题。

学会思考和运用，把书本知识及时地应用于实际生活,一次巩固掌握知识。

做好以上这几点，养成一种固定的习惯，相信孩子在以后的学习生涯中会更加顺利，对于学习也会更有热情和兴趣。

温馨贴士：

学习是学生的责任，每一个人都应对自己的行为负责，养成主动学习的习惯，让自己受益。

（二）培养孩子多思善问的习惯

阶段一：认识

生活离不开思考

"独立思考能力是科学研究和创造发明的一项必备才能，历史上任何一个较重要的科学创造和发明，都是和创造发明者独立地深入地看问题的方法分不开的。"这是我国著名的数学家华罗庚所说的一句话，说的是独立思考能力的重要作用，社会的发展离不开人类的发明创造，每一次的社会变革，都是由于生产力的极大进步所引起的。而这些都与人类的思考密不可分。

在远古时代，起初人们只是用打制石器来捕杀猎物，吃生食，住山洞，在渐渐的劳动的过程之中，通过人们的思考与生活经验的结合，开始渐渐地使用磨制的石器来捕杀猎物，用钻木取火的方法加工食物，再到后来的青铜器、铁器、耕犁的出现，人类的思考能力可以说是厥功至伟。

想象是思维的翅膀！

生活中时常会出现一些我们意想不到的事情，如何更好地解决这些问题，让自己的生活变得轻松，这也需要充分发挥思维的作用。

人生需要思考

俗话说：没有思考的人生是茫然的人生，没有思考的人就是行尸走肉。网易公司创始人丁磊说过："大学四年，我最大的收获，就是学会思考。"

第三部分 学习

123

当今社会是一个竞争越来越激烈的社会，在这样的社会中，人们的生活步伐也变得越来越快，就连一向平静纯真的大学校园，近几年也是暗涛汹涌，许多人为了就业、考研，忙得焦头烂额，早已失去了往日的那份校园中登高赏月、临风怀友的浪漫，也失去了三四至交激潮澎湃争论国事的激情，更失去了静坐湖畔，与文人雅士对话的兴致。

忙碌的人生固然有其可取之处，但是，有的时候也需要静下心来认真思考。罗素说："不要害怕思考，因为思考总让人有所补益。"

思考人生，可以参透人生的真谛；思考感情，可以领悟世间的真情；思考为人处世，可以规范言行。

虽然每一天，或多或少的我们都在思考，然而，现实社会浮躁喧嚣的生存氛围总是在麻痹着我们的心灵，竞争和压力正悄悄地湮灭着人类思想的火花。在这样的夹缝中，我们应该清醒过来，好好地思考一下我们的人生。

一个善于思考的人才会成为真正有力量的人。

1978 年，在日本北海道生活着一位名叫龙太郎的穷诗人。他的诗总是没有多少人欣赏，即使卖出去也就几日元。因此，他一日三餐都难以维持，写诗的工具仅有几页稿纸及一只短短的铅笔。

有一天，龙太郎正专心致志地写诗，要修改时却找不到橡皮擦。好不容易找到一块擦去了需要修改的字后，却又不知道把铅笔放到何处了。他找得满头大汗还未找着，很是恼火。冷静下来之后，他从中吸取教训，把橡皮擦与铅笔缚在一起，这样可以避免两者分离难找。但这种方法并不理想，使用一会儿橡皮擦就掉下来了，很不方便。

龙太郎决定弄好这块橡皮擦，试了多次，几天后终于想出一种妥善办法。他剪下一块薄铁片，把橡皮擦和铅笔末端包围起来，再压两道浅渠，两者连接得很紧，使用时再也不会掉下，给写作带来了很大方便。

这一件看来微不足道的事情，却给龙太郎带来了一个发大财的机会。他想：如果今后的铅笔都能带着橡皮擦，定会受诗人、作家、画家和学生等人的欢迎。他越想越觉得此事很有前途，应该把这项"创造"申请专利。

龙太郎向亲戚借来一点钱到专利局办理申请手续，结果很快得到确认。

不久，这项专利被一家铅笔生产厂买下，龙太郎一下子就获得500万日元专利费。在1978年的日本，这笔收入非常可观。如今，龙太郎的小发明使数十亿人受惠，他也成为世界上真正最有力量的人之一。

——摘自《读大学怎么读》

学习更要思考和善问

孔子曰："学而不思则罔"。蔡肖恩也说过："学习与思考，二者必须结合起来，不可偏废。单思不学会变成空想妄想，单学不思又会变成书呆子。"只有善于思考的人才会在书海里尽情遨游，在知识的海洋里无尽欢畅。

学习的本质在于思考，这样才能使自己学到的知识得以升华，懒于思考的大脑是寸草不生的荒漠，只有勤于思考才会在书本的固有的知识中得到更多的收获。

伏尔泰说过："书读得过多而不假思索，你就会觉得你知道得很多，但当你读书并思考得很多的时候，你就会看到你知道得还很少。"因此，学习也一样，贵在思考，每当上完一门课程的时候，都应静下心来，认真地思考一下老师上课所讲的每一个知识点是否全部听明白了，并且自己也懂了，是否有不懂的地方，那么让自己迷惑的地方是哪里。久而久之，当你的大脑运转起来的时候，你才会真正的学有所获。

虽然思考如此重要，但思考同样也不离开问题，只有有问题，心中有了疑惑，才会促使孩子去思考。无论在哪个时代，老师总是鼓励孩子"不懂就问"，遇到问题多问几个为什么。当自己要做一件事儿的时候也多问问自己为什么这样做，这样做对吗。多思与善问总是密切地联系在一起，问是思的前提，思考之后又产生新的疑问，思与问环环相扣，才能使孩子在学习中更有探索的兴趣，也会使孩子的聪明才智能够得到更好地发挥。

懒于思考的大脑是寸草不生的荒漠。

阶段二：培养

良好的环境有利于思考和问题的产生

思考犹如播种，行动犹如果实，播种越勤，播种的土壤越加肥沃，生长的果实也越加饱满，收获也会越加累硕。一个善于引导孩子思考的人，才算是真正的智者，一个善于为孩子创造思考条件的人，才算得上是孩子的真正的良师。

其实，引导孩子思考并不是一件难事儿，引导孩子思考并不需要刻意地创造环境，在任何地点，都是孩子思考的最佳场所。

例如，想要孩子从小学会边读书边思考的习惯，当孩子在家玩耍的时候，母亲可以抓住时机，给孩子读一段诗：如果世界上堆满了馅饼，如果海水化为墨水，如果所有的树都结满面包和奶酪，那么我们喝什么？然后，你可以问孩子："一个句子以'如果'开头，是不是意味着它不是真的？"由此会引发孩子联想出一连串的问题。这时候你还可以不失时机地告诉孩子"你有什么问题，可以直接问妈妈"。这样孩子在思考的过程中既不会因为自己不知道而感到焦急，也不会失去思考的兴趣。

再比如，当带着孩子去博物馆时，父母可以和孩子一起参观，当看见恐龙时，可以问孩子"如果恐龙复活了，世界会变成什么样"之类的问题。在同孩子一起看电视的时候，要有意识地向孩子提出问题，引发孩子的思考，有时候也可以采用玩游戏的方式，和孩子一起玩相互提问的游戏。

父母要有意识地经常围绕"一物多用"、"一事多因"来为孩子编一些问题，让孩子回答，同时也要引导孩子以这样的思考方式向别人提出问题。例如，在问到水的作用时，如果孩子说，水可以用来喝，你可以接着问"人为什么要喝水，人不喝水会怎么样"等问题，一环扣一环，让孩子学会对一个问题有意识地探索。

在辩论中引发孩子的思考

辩论可以引发孩子进行认真细致地思考问题，并且可以培养孩子的思维敏捷程度，使孩子的思维更加活跃。

在家里，父母可与孩子进行辩论看电视，当一家人共同看一部电视剧后，可以就剧中的某一个人物展开辩论，各自说出自己的观点，并说出让别人信服的理由。

在学校中，老师可以组建辩论队，每周为孩子们出一个话题，让孩子去收集资料，在第二周抽出时间，进行班级辩论。在辩论的过程中，孩子们不仅会问会想：对手根据我方观点提出怎样的问题，那么我方该就这一问题如何回答，并使观众信服；而我方应该如何向对方提出问题，去难倒对方或使对方陷入我方的问题陷阱。

辩论是一个锻炼孩子思维与口才的地方，通过辩论也把中国自古以来的"学贵知疑，小疑则小进，大疑则大进"的精神得到了一个好的应用及发挥。对此我也深有体会。

大学时，我的一个室友在我们学校的辩论队待过三年，辩论队的生活让她的思维极其活跃，反应能力很快，并且也形成了爱问的习惯。住在同一个寝室，有时候我们一起聊天，每当意见不一致时，她就开始了她的辩论，好多次都让我们其余的三个人哑口无言，很多时候很佩服她的思维能力，及提问题的尖锐程度。因为她的思维很活跃，毕业后也找到了一份自己理想的高薪工作。后来聊天的时候，她说，其实真的是在辩论队的日子锻炼了她的思维能力，让她比别人想得多、想得超前，她以前，也是那种不会向别人提问题的人，有时候，同样的问题，她提出来总是太直白，往往得不到一个好的结果，而且还让人反感。但是，通过辩论队的学习，让她善于向别人提问题，现在她向别人提问题的时候，不会引起别人的反感，往往还能得到自己想要的答案。

由此可见，辩论对一个人的思维活跃性的养成，对于一个孩子善问能力的培养确实有极大的帮助。

第三部分 学习

联想让思维的天地更加宽广

在学习生活当中，我们常常会发现，其实新旧知识之间、学科之间、所学内容与生活实际之间有着很多的内在的、外在的联系，因此作为家长和老师，要在生活与学习当中告诫孩子，不要孤立地看待任何一个事物或一门学科，要培养孩子多角度思考问题的习惯，有意识地去训练孩子思维的流畅性、灵活性及独立性，长期下去必然会使孩子的思维空间更为宽广。

那么如何让孩子学会从不同的角度去思考问题，使孩子的思维更加发散呢？这就需要让孩子在生活中不断地参与到家庭或学习的实际问题中，并给孩子时间让其写出问题的解决方案，并不断地提示孩子，要从正反两个角度去考虑问题，在每提出一个方案时，让孩子自己在脑海中设计一个场景，看她提出的这个方案在自己的模拟想象的空间是否可行，有没有利与弊，是利大于弊，还是弊大于利。

例如，有这样一个故事：一个小朋友，扛着扁担到田地里去帮大人抬瓜，半路上看见水渠对面有只小花猪正在瓜田啃西瓜。他想去赶，但是被一米多宽的水渠挡着，怎么办？讲到这里，让孩子们想一个办法过到水渠的另一边。这一悬念激发孩子思维的积极性，他们会在特定的场景中想出各种办法来：扁担架在渠道上自己从上面爬过去；脱了鞋子走过去；用扁担支柱渠底，像撑杆跳那样越过去……面对疑难，孩子们各抒己见，通过比较，找出最佳答案，在比较的过程中让孩子们充分讨论各项方案的可实施性，这样做也锻炼了孩子的思维发散能力。

——摘自《习惯成就一生》

再比如，当看见某一图片时，让孩子根据这个图片所描述的内容想想故事的结果，或者根据图片的描述，编一个有趣的故事讲给周围的人听，家长或老师适当地对于孩子所讲的故事内容加以补充，或是引导孩子从不同角度得出不同的结局。例如，在看见报纸上一老一小两个人过马路的场景，家长可以问孩子"我想听这幅图片的故事，你能给我讲述一下这幅图片的故事吗"？当孩子讲完以后家长可以适时地对孩子进行鼓励如"你讲得真棒，我都没有想到这个故事，你真是故事大王，我下次还要听你讲故事"之类的话。如果孩子没有抓住故事中的细节，如表情、穿着等，可以在表扬后提出意见："你看这个老奶奶的眼睛很空洞，她会不会是一个双目失明的老人，那么她应该不是去接小女孩放学的，那就不会是小女孩的奶奶。你看这个小女孩还戴着红领巾，那么她应该是一名少先队员，她又在帮助老奶奶过马路，她是在助人为乐，你说呢，这次你讲得很棒，但是如果能细心地发现这些细节，故事会更加精彩的。"这样不断地对孩子进行联想训练，会使孩子的思维更加活跃。

教师在教学中有效地对孩子进行设问

亚里士多德说："思维是从疑问和惊奇开始的。"因为疑问会使学生产生心理上的茫然，同时产生认知冲突，促进学生积极思维。教学中，我们发现不少学生缺少问题意识，有的教师也没有科学审慎地理解和运用课堂设问，从而导致了提问有效性的降低，常常"问与愿违"。那么，在课堂教学中教师应该如何发挥设问在开启学生心智、促进学生思维、增强学生主动参与意识方面的积极作用？

（一）三思而后问

新政治课程标准明确提出了发展学生思维能力的要求，而发展学生思维能力最有效的方式就是课堂上教师问题的提出。一般来讲，问题有高水平和低水平之分，低水平的问题只要求学生回忆有关的事实、名称、事件等信息，从教学目标的层次看，一般属于认知领域中的"知识"水平。

高水平问题则要求学生对信息有一定的加工，它可以分为两类：一是陈述性问题，即要求学生描述物体和事物，如阐述、说明、用图形或表格表示、证明等；二是比较性问题，即要求学生观察两个或两个以上的事物、事件、图表或表格，证明或确认事物之间的相同之处或差异，从教学目标的层次看，一般属于"理解、应用"水平。教师在进行问题设计时，既要兼顾知识型问题的设计，又要兼顾理解、应用型问题的设计；既要考虑问题的思维强度，又要考虑问题的思维坡度，确保提问有梯度、有价值。

提问是教学语言中最重要的部分，是启发学生思维的主要方式，作为课堂教学的一个重要组成部分，无疑是教育学，特别是教学法的研究对象。但是，

第三部分 学习

实际教学中，一些教师的课堂提问却是随心所欲，没有一个系统的提问设计，因而也就起不到课堂提问对教学和学生思维能力培养应有的作用，所以，教师在课堂教学中，需三思而后问，对问题进行系统设计。

（二）抓"点"设问

"点"就是问题的主题，设问首先要抓住主题，否则就会偏离了方向。只有抓住重点设问，才能帮助学生在纷繁复杂的事物面前理清思路，找到答题的方向。

解答问题的关键在于抓住它的主题或中心思想，然后围绕这一主题进行全面设问，逐个分析，从而完成答案。

（三）分层设问

现实事物是充满矛盾的，一个问题往往包含多个方面，具有多个层次，如果层次不清，匆忙作答，则无法揭示事物的全貌。解答此类问题首先需要我们分清层次，分层设问，分层追问，然后逐个回答，这就好比剥大葱，只有一层一层地剥，才能逐渐接近事物的真相和本质。

（四）启发性设问

我国教育家十分重视启发式教学，孔子的教学是"循循然善诱人"。叶圣陶先生也说："教师之为教，不在全盘授予，而在相机诱导。"如何诱导？他认为一要提问，二要指点。而好的提问，"必令学生运其才智，勤其练习，领悟之源广形，纯熟之功弥深"。比如课堂上，某学生列举了一些生活中的文化现象，既有积极向上的文化现象，如歌咏比赛；又有消极颓废的文化现象，如算命、测字等，然后自己设问。运用文化生活知识回答：①什么是落后文化、腐朽文化？我们所倡导的大众文化是什么？②针对文化生活中存在的不良现象，我们应该怎么办？教师可以让他自己作答，也可以请其他学生回答，然后再请其他学生就他的材料选择、问题设计、答案组织等方面给予评价，最后教师点评，点评的重点放在第二问上以及对学生表现的评价上，教师的适当点评有助于培养学生思维的广度和深度，从而避免思维的局限性。

问题的提出源自学生的观察、归纳和设计，教师把发现、分析、评价的权利交给了学生，体现了学生的主体地位和作用，教师在这一过程中的引导、点拨作用体现了启发式原则。通过转变设问方式，较好地发挥了学生的主体作用和教师的主导作用，可见，能否注意设问方式的启发性是有效设问的重要环节。

在新课程教学中，教师还要有意识地调整教学设计，通过不断反思来优化设问过程，充分发挥设问在学生思维培养中的积极作用。这种反思过程包括对课前、课中、课后三个环节的反思：①反思备课过程中的问题设计，设问是否抓住了学生的兴趣点？是否抓住了主干知识和疑难点？是否抓住了学生思维的发散点？②反思教学中的问题提出，是否达到了提问的火候，即"不悱不启，不愤不发"，而不是随意问的？问题提出后，有没有给学生一段时间思考？提问方式的选择是否恰当，知识型的？分析型的？应用型的？还是评价型的？有没有给予学生及时正确的引导和反馈？③反思教学后学生对问题的理解，还有哪些新的问题和要求？怎样才能更有效地引导设问活动等？

——摘自《新课程研究·基础教育（例谈设问在学生思维能力培养中的作用）》

家长应培养孩子探索性思考

生活中我们常常会看见有许多小孩子，不停地向对老师或家长提出各种问题，有种打破砂锅问到底的精神，然而作为老师和父母，每每在遇到孩子问到许多尴尬问题的时候不知道怎么回答，不是用别的语言把孩子搪塞一番，就是把孩子支走，再或者是把孩子教训一通，这样下去，结果就是扼杀了孩子好问、爱探索的积极性。

那些正确的做法是什么呢？父母对于孩子这种凡事都要问几个为什么的行为，首先应给予孩子赞赏，接下来应不厌其烦地回答孩子提出的各种问题，并对孩子提出的每一个问题表现出极大的兴趣，如果在自己不能更好地解释的情况下，应和孩子讲明白，告诉孩子你也没有研究过这个问题，接下来父母需要和孩子一起去研究探讨，依据研究结果得出答案。这样孩子提出问题的欲望就会更强，孩子的探索能力和思维能力同时也会相应的增加。

在家中或是在任何一个地方，父母都不应阻止孩子探索的行为。社会上有这么一种现象，在有小孩子的家庭，孩子特别爱拆自己的玩具或家中的小电器，面对这种情况，大多数的父母对孩子进行谴责。其实据专家分析研究，

第三部分　学习

父母的这种行为是极其错误的，中国许多科学家就是被这么扼杀的。

我的一位邻居在教育孩子的这一方面可以说是一个专家，我的邻居生于60年代，生活条件很艰苦，他从学校毕业后，进了一所中学当了老师，那个年代小电器特别稀少，出于他对时事的关注，他用他的第一份工资买了一个那种老式的收音机，他也一直把自己的收音机当作最珍贵的宝贝，后来结婚，有了孩子，在孩子上小学四年级的时候，有一天趁着他不在家，把他最珍爱的收音机拆成了碎片，回家后他看了非常心疼，本来是想训斥孩子的，但后来想了想他并没有这么做，他把孩子叫到自己的身边告诉了孩子，这部收音机对他的作用、意义，孩子也知道自己犯了大错，很害怕。而我的邻居这时说了一句："你拆了它没关系，它对我很重要你也知道了，所以有一天你必须把它还原成以前的样子，这是你欠我的。"看到父亲的真诚，孩子也郑重地答应了，后来，为了把父亲的收音机还原回去，孩子就去搜集大量的关于物理、机械组装原理、收音机部件等等一系列相关的书籍开始研究，其实孩子那时的想法很简单，但是随着对机械方面书籍的深入了解，从此孩子爱上了这方面的内容，并且还自己做了许多小的机器玩具，初高中物理对于孩子更不是难事儿，后来孩子不但把父亲的收音机还原回去，而且比以前更好用，还因为对这一方面的爱好和在机械方面的成就，大学读完后直接被保送到了中科院，并且在机械方面也取得了不小的成就。

探索性思维习惯的形成不可能一蹴而就，需要父母和老师一点一点地用心去培养和引导孩子。

温馨贴士：

孩子是在无数个为什么中成长的，请用心孕育孩子心中的每一个问号，让其生根发芽，最终茁壮成长！

（三）培养孩子爱读书的习惯

⏰阶段一：认识

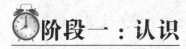

✏️ **书籍是全世界的营养品**

　　书籍，是先人智慧与经验的结晶；书籍，是引领学生航向更远地方的指明灯。读书，就是让学生在他生命有限的时间里，汲取人类几千年的文化结晶，去领略祖国大好河山的壮丽，去感受中华文化的博大精深，去崇敬劳动人民的智慧与坚毅，去借鉴和吸收前人成功的经验，使自己有可能站在巨人的肩膀上眺望远方，让自己的眼界更开阔，知识更丰富，谈吐更得体，品德更美好。

　　英国文艺复兴时期伟大的剧作家、诗人莎士比亚说过："生活里没有书籍，就好像没有阳光；智慧里没有书籍，就好像鸟儿没有翅膀。"读书是一种滋润心灵，开启心智，把自己从琐碎杂乱的现实中解脱出来，让自己进入一个较为超然的境界的方法；是一束和煦的阳光照亮生命中的黑暗，让你即使身处暗夜也不会孤寂，不会心灵空虚；是一双轻盈的翅膀，托起生命的重负，遨游在湛蓝的天际去领略祖国如画的山水。

　　生活里有书籍相伴，从此生活里处处充满温暖；人生中有书籍相伴，从此阳光和煦耀眼。

　　就让我们像苏霍姆林斯那样"无限相信书籍的力量"，让书籍带着我们去翱翔。

✏️ **不读书的人，思想就会停止**

　　人类之所以是高级动物，能够区别于动物，主要是因为人类：有意识，

能够思考，并能动地改变自然条件。而书籍是全人类的营养品，要想拥有一颗智慧的头脑，要想能动地改变自然，读书是一个人必须做的事。不读书的人思想就会停止。

古往今来，人们对于读书都有着极度的重视。文艺复兴时期英国伟大的散文家、哲学家培根在《论读书》中写道："读史使人明智，读诗使人灵秀，数学使人严密，物理学使人深刻，伦理学使人庄重，逻辑学、修辞学使人善辩。"

一代伟人毛泽东，是个终生与书为伴的人。他说："我一生最大的爱好是读书。""饭可以一日不吃，觉可以一日不睡，书不可以一日不读。"从青年时代起，毛泽东就继承了中国知识分子经世致用、读书为了齐家治国平天下的优良传统。走上革命道路以后，便自然而然地将读书运用到救国、治国、治理天下的革命实践当中。正是因为他好读书、善读书，从而将书中所学融会贯通，带领中国人民走上了一条属于自己的道路。

——摘自《毛泽东选集》

2009 年 4 月 23 日世界读书日到来之际，温家宝总理通过媒体向全国人民发出"读书"的号召，指出"书籍是人类智慧的结晶。读书决定一个人的修养和境界，关系一个民族的素质和力量，影响一个国家的前途和命运。一个不读书的人、不读书的民族，是没有希望的"。2010 年两会召开之前，温家宝总理与网友在线交流，又一次回应了网友关于读书的提问。他说："书籍本身不可能改变世界，但是读书可以改变人生，人可以改变世界。读书关系到一个人的思想境界和修养，关系到一个民族的素质，关系到一个国家的兴旺发达。一个不读书的人是没有前途的，一个不读书的民族也是没有前途的。"

温总理一再重申读书关乎一个人的前途，读书关乎一个民族的命运与希望。作为新世纪的接班人，肩上的重担更加沉重，要想挑起重担，担当中国的脊梁，就要从小养成爱读书的习惯，不要让思想停滞不前。

增长知识、开阔眼界、增加智慧

宋真宗赵恒的《劝学诗》中有云："富家不用买良田，书中自有千钟粟；安居不用架高堂，书中自有黄金屋；出门莫恨无人随，书中车马多如簇；娶妻莫恨无良媒，书中自有颜如玉；男儿若遂平生志，六经勤向窗前读。"书中蕴藏着无限智慧，从小养成读书的习惯，不知不觉中自己就会积累大量的知识。古语有云"秀才不出门，可知天下事"，就是因为他们在闲暇之余埋头于书本，从书中看世界局势的变化，依据书中的道理来推测事态的发展。

记得我的老师曾经在语文课上讲过这样一个发生在她身边真实的事情。她有一个好朋友在北京成家，后来夫妻俩离异，朋友因工作繁忙把唯一的儿子留给了孩子的姥姥和姥爷，老夫妻两个年事已高也没有什么文化，在教育方面也给不了外孙多大的帮助，但后来朋友的孩子却考上了清华大学附属中学，并以语文满分的成绩在开学典礼上受到校长的表扬。因为在大众的心中，一个从小没有生活在一个完整的家庭的孩子能够取得这样令人骄傲的成绩，令人很是好奇，于是当我的老师去朋友家做客与孩子聊天的时候，孩子告诉他，他从小就有一个爱好"就是读书"。他读各类的只要是他感兴趣的书，有时候一读就是好几遍。他告诉我的老师，当他写作文的时候，一些句子几乎不用思考就会从头脑里冒出。上至天文下至地理，无论是国内还是国外的一些人文风景，他多少都懂一点。我的老师很有感慨，从此他不止一次地告诫我们要多读书。

有助于学生形成良好的道德品格和健全的人格

胸无江海心难阔，腹有诗书气自华。陋室常余书卷在，清心自有墨香来。手捧一卷诗书，独坐于几案之前，用书中的文字陶冶自己的情操，用古人诗句中表现出来的大气来升腾自己胸中的爱国、为家的大志，从屈原"伏清白以死直的忠诚"，李白"安能摧眉折腰事权贵"的傲骨，范仲淹"先天下之忧而忧，后天下之乐而乐的"胸怀，到文天祥"留取丹心照汗青"的豪情，最

第三部分 学习

后到鲁迅"我以我血荐轩辕"的赤子之心，一字一句无不显示出华夏儿女的铮铮傲骨和宽广胸襟。读后令人不禁心潮澎湃，热血沸腾，并心向往之，一种向其学习、向其看齐的心态油然而生。铮铮铁骨不禁而显，品格也在字里行间之中升华。

可以让学生坚定人生的信念

一个没有信念的人，他的生活就如同一具没有灵魂的躯壳，只有有着坚定的信念，才可以在自己的人生之路上克服一切的艰难困苦，克服重重障碍，最终走向自己的人生景点，才能够更好地为祖国的发展做出自己的贡献。

书是一个个鲜活的历史故事的写照，是一部部记载着无数宝贵的历史经验和深刻的历史教训的典籍。而我们只有借助前人的肩膀，徜徉在书的海洋中，才能站得更高，望得更远。读书，能够帮助学生走出自我的狭小，遨游在历史的长河，触摸时代的脉搏，关照广阔的生活；在读书与思考中，流连每一条真理、每一个美好思想、每一幅富有震撼力的场景，将"小我"提升到更高层次的理想与信念。

因此，读书对人的影响不只在于增长知识，也不只在于"立志"，更在于使自己坚定信念，在艰难中平添一股勇气，一股无所畏惧的力量，就会觉得只要还活着，只要血还是热的，只要路还没有完全断绝，那么就一定要闯下去，拼下去，取得事业的成功，回报祖国。

⏰ 阶段二：培养

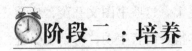
从小培养孩子的阅读兴趣

> "文学就像一扇窗，长在孩子美好的心灵中，推开它，心灵变得敞亮许多，如同看到人生鲜花扑面，阳光普照，远离庸常，走向高尚。而孩子心中的这扇窗，如果不及早推开，层层尘封，年深月久，便越来越紧。"
>
> ——秦文君
>
> "禁于未发之谓豫，当其可之谓时。""时过然后学，则勤苦而难成。"
>
> ——《学记》

习惯的培养并非一朝一夕，而是要从小开始，并持之以恒。自然，要想孩子养成爱读书的习惯，也需要父母和老师从孩子小的时候去帮助他，指导他，监督他。这里之所以把培养孩子的阅读兴趣放在第一位，是因为"兴趣是最好的老师"，"知之者，不如好之者；好之者，不如乐之者"，学习兴趣是学习积极性中最现实、最活跃的成分，只有有了读书的兴趣，孩子才会以读书为乐，才能愿意读书并热爱读书。

父母为孩子选择阅读材料

在开始引导学生读书的时候，父母和老师要选择适合孩子年龄段的书，才能使孩子越读越想读，越读越投入。经典著作是沙里淘金的产物，是历经时间打磨和读者检验所存留下来的精品，经典文学通俗易懂，令人百读不厌。童年阶段的经典儿童文学阅读是培养孩子审美情感的起点、美好人性的起点、性格塑造的起点、人生体验的起点，在充满好奇、探索、发现与体验的经典阅读中，孩子能接受到潜移默化的、无穷无尽的滋养。

《安徒生童话》《格林童话》《一千零一夜》《伊索寓言》《西游记》《列那

狐的故事》等都是世界儿童文学宝库中的无价之宝。这些书图文并茂，让学生一见便爱不释手，书中人物形象鲜明、想象丰富、语言生动，将学生引进一个个梦幻般的世界。故事中的想象、诗意、幽默、游戏性，对于儿童的心智成长十分重要。将这些书作为必读书目，在孩子还小的时候，每天睡前一个故事，孩子们兴味盎然，欲罢不能，让孩子在轻松愉快的阅读中体悟到什么是美，什么是爱，什么是善良，什么是勇气，什么是忧伤……无形中既达到了培养孩子良好品质的目的，又使孩子不至于厌倦、疲劳。

引导孩子读书

因为孩子太小，智力体力都是一个缓慢渐进的过程，因而很少有孩子会主动喜欢上阅读、主动进入书中奇妙的世界。因此，要想让孩子去读一本书，需要父母和老师精心引导，设计一个好的导入情景，引起孩子对这本书的兴趣至关重要。

例如，在引导孩子读《HOW & WHY》时，父母可以先购买一套这样的图书，但是先不要将它送给孩子，而是在孩子每天对父母提出一些有关动物、植物、地球、宇宙、人体、艺术、世界人文地理等各类问题的时候，适时地去引导孩子，可以根据书中所讲述的内容为孩子讲解，在讲解时尽量让自己的表情丰富，语调能够与书中的人物性格相符合，当孩子听完，表现出极大兴趣时，再告诉孩子你的知识来源，并将书赠予孩子，在孩子阅读的过程中要多抽出时间与孩子探讨书中所讲述的各种奥妙，可以刻意地挑些孩子还没阅读的章节进行表演，让孩子这份探索的兴趣持续下去。

在学校教学的过程中，教师也要充分站在孩子的立场，用孩子的思维来引导孩子。例如在读经典文学《列那狐的故事》时，先引导孩子读趣味盎然的《列那装死偷鱼》，认识这只聪明、狡诈、爱捉弄人的狐狸，再出示故事主要人物及特点，残暴愚笨的雄狼、有勇无谋而又贪吃的笨熊、智商与列那不相上下的野猫、自以为是加贪婪成性的狮王，这些个性鲜明的人物一出现在大屏幕上，就牢牢地抓住了孩子们的眼球。"列那就和这样一群朋友斗智斗勇，发生了许多精彩有趣的故事，想不想看？"在老师的诱导下，孩子们迫不及待地打开了书本。这样以点带面，从目录、主要人物进入故事的导读，使孩子们产生了强烈的阅读期待，保持着浓厚的阅读兴趣。

把选择书籍的权利交给孩子

随着孩子年龄的增长，孩子对外界对书本有了一定的感知能力，逐渐有了自己的喜好，这时候，要充分地把选择书籍的权利教给孩子。选择孩子感兴趣的书籍，孩子会一直坚持下去。

大家所熟知的《明朝那些事儿》的作者石悦，小时候是个听话懂事的好孩子。爸爸没事的时候，常喜欢骑着自行车带他出去玩。有一次，父子俩逛到新华书店，进去之后，小石悦跑开了。他在每个书架前上下跳跃，突然就对一套历史书——《上下五千年》产生了兴趣。爸爸见他感兴趣，二话没说就买了下来。从此，这套书，就成了儿子研读历史，进而酷爱历史最早的启蒙教材。从 7 岁到 11 岁，石悦将这套书读了 7 遍。因为这个偶然的机会，因为对自己选择的书的兴趣，小石悦自此一发不可收拾，爱上了历史。11 岁后，小石悦开始看《二十四史》《资治通鉴》，然后是《明实录》《清实录》《明史纪事本末》《明通鉴》《明汇典》和《纲目三编》。正因这样，他用一种全新的思维写出了《明朝那些事儿》，走进了千百万人的心中。

制订读书计划、确立读书目标

孩子自制力比较差，光靠兴趣想让其维持长久的阅读几乎是不可能的事，这就需要引导孩子制订读书计划，确定读书目标，并监督孩子对其目标任务的完成情况。

孩子年龄小，每天的空余时间比较多，有足够的时间进行阅读。因此父母可以为孩子布置每日的读书作业，并与孩子订立条约,实行相应的奖惩措施。有时也许你会在想这样强制地让孩子读书，是不是剥夺了孩子的自由，限制了孩子的发展，与前面讲到的培养孩子的阅读兴趣相背离。这一点你大可不必担心，吉姆·崔利斯在《朗读手册》一书中这样说："10 岁的孩子被强迫刷牙或换内衣裤，他们长大后会停止做这些事吗？不会……几乎所有的孩子都按规定去上学，所有大人也都按规定遵守行车限速，但很少有人会因为这

些规定而心生厌恶。不让规定令人排斥的方法，是把规定变得美好而吸引人，使它成为一种乐趣……"的确，当规定之后，我们还得设法让读书变得有趣，当规定成为每天必修课，天长日久，习惯便自然而然养成了。

在家，父母可以每天都抽出至少二十分钟时间和孩子们一起看课外书，并且引导孩子对书中所讲的内容进行思考，各自就自己不同的观点发表看法，并进行研究，还可以让孩子固定地每天阅读每本书中的多少章节，并写下读书笔记，父母定时检查。在学校，老师可以每天抽出半个小时让孩子自己阅读或是开展读书讲演、读书探讨等活动。

发挥榜样作用

榜样的力量是无穷的，天真无瑕的羡慕心理，是小学生特有的美丽性格。当学生心中出现了这样的榜样时，他们便会不自觉地向榜样看齐，甚至希望自己也能成为别人的榜样。家长和老师可利用闲暇时间讲讲名人读书小故事，以名人为旗帜，孩子们幼小的心中便会升腾起崇高的读书理想。同样孩子的周围也有许多读书方面的出类拔萃者，他们也同样是孩子的榜样。

在家里，父母就是孩子的榜样。还记得上大学时，在德育课上，我的老师在讲到父母的榜样作用时，他谈到了一件他自己教育孩子的事，他说，想要孩子养成一个好的习惯，父母首先应以身作则，他们夫妇为了让孩子从小养成爱读书的习惯，他和她的爱人，在晚间新闻之后，两人就开始一人拿一本书读，当他孩子有事没事叫他的时候，他会告诉孩子，我们正在看书，并借机问孩子一些小问题或是与爱人探讨一些孩子能够理解的问题给孩子听，时间久了孩子也爱上了读书，后来他们家基本上晚间新闻刚过，一家三口各自抱着一本书开始阅读。并且这已经成为一种习惯。

随身带着书

无论去哪里，都别忘记带上一本自己爱看的书。让孩子在潜意识里形成一种：书就是自己的最好伙伴、最亲密的朋友的意识。当他一个人无聊的时候可以翻翻手边的书，看看书中的插图，或是读一段优美的语句，暖暖的文字像阳光般照在心间，畅游在书中的惬意，会让孩子越来越喜欢书，越来越离不开书的陪伴。

台湾著名作家、编辑、出版人及电影人詹宏志在《谈读书》一文中，谈到他的读书方法，他说他采用曾国藩读书法。他说他小时候特别爱读书，书包里每天背着好几本书，在课余或是饭后，他都会随手抽出包中的书，开始读；工作之后，读书时间愈来愈支离破碎，他会在上楼梯时一面走路一面读，在街上走路、过马路等红灯、搭公交车，手里也都拿着书，因而他在他的同事和朋友中很有名气。他还感慨说："时间零零碎碎，不凑起来就一点都不值钱。有一天我从凯悦饭店开完一个会出来等车子，坐在路边就把书拿出来看，被一家周刊拍下来，还写了一点半嘲讽的报道，类似"这样子公司还会有人在经营吗"等等。我的时间的实情就是如此。如果不用这些时间，就达不到年轻时候那么自在就可以读的量。现在是兵马倥偬，所以我学曾国藩读书的方法。看书对我来说像是酗酒一样，无可救药的陷溺，东看一点西看一点，心理上就感到开心。"对于这样片段片段地阅读方法，人们都很疑惑，怕这样片片段段地拼凑，难以让一本书的内容在脑中延续。詹宏志说："年轻时候完全不成问题，如果一个小孩可以采用这种方法，他不仅节约了读书时间，而且他也能明白书中的内容，小孩的记忆力很好，这个问题完全不用担心。现在随着年龄增长，要接起来，花的力气就大了，如果间隔时间长了点，就必须再看一下前面。但我现在也看得很开，因为时间就是这么破碎，有一本书在手边，总感觉心里踏实，这么多年一路走来也多亏有书籍相伴，在我的人生路上给予了我很大的帮助。"

同样在生活中可以找身边的人作为孩子读书的良师益友，新东方创始人俞敏洪读书的故事家喻户晓。在俞敏洪读书的生涯中王强是他的友亦是他读书的老师，在俞敏洪的演讲中，王强的名字总被他挂在嘴边，那是对王强的一种感激，感激中带着一种尊重。他感激的是在他的读书路上一直有王强的指导与陪伴，他尊重的是王强那种读书学习的品质，王强就是他读书的榜样。也正是这样一直跟在王强的身后读书，他收获了颇多，这段经历在他的人生和事业中留下了刻骨铭心的记忆。

 进行及时激励和评价

> "要让儿童始终能看到自己的进步，不要有任何一天使学
> 生花费了力气而看不到成果。"
>
> ——苏霍姆林斯基

　　小孩子很纯真，想法也非常单纯，他们十分期望所得的收获被别人看见，得到老师、家长、同学的认可与赞同，满足自己的成就感。因此，在家中或是在学校中，当孩子每天完成读书的任务后，要及时地与孩子来个短暂的交流，可以让孩子把自己认为好的句子读来与父母或是同学分享，并让孩子谈谈他认为好的原因，并及时给予鼓励的评价。在与同学交流时，老师需要让孩子们在开放性的话题中畅谈读书感想，并及时给予评价，同时承认并尊重学生间客观存在的差异，给予更多具体的语言评价，给予更多的激励。其间可以用一些鼓励性的句子，如："你读得真美，看，小朋友们都听得入迷了。""你读懂这个故事了，真了不起！""你能大胆说出自己的感受，你有进步了。""你真是个会读书的孩子，学会了边读边思。"在课后，老师还可以通过与家长沟通，及时将孩子这些优秀的表现告诉家长，让孩子因读书获得的成就感，得到家长、老师的肯定，以此激励孩子更好地去读书。久而久之，就会养成好的读书习惯。

　　（摘自常州市延陵小学　刘燕《帮助低年级学生养成阅读习惯》）

> 　　爱和鼓励是促进孩子生根发芽的最好肥料，在爱和鼓励下成
> 长起来的孩子更优秀。

　勤做读书笔记

　　"不动笔墨不看书"是毛泽东最喜欢的一句读书名言。几十年来，毛泽东坚持读书，无论是何时何地，他每阅读一本书、一篇文章，都在重要的地方用不同的符号标注，大凡他读过的书上满是圈、杠、点、小三角等各种符号，在书眉和空白的地方写上许多批语。并且他的手边经常放着一个小本，每当

在书中读到精当的或是令他深有感触的地方他都会摘录下来或写下读书笔记或心得体会。毛主席所藏的书中，许多是朱墨纷呈，批语、圈点、勾画满书，直线、曲线、双直线、三直线、双圈、三圈、三角、叉等符号比比皆是。

读书的时候勤做读书笔记可以积累更多的资料，为以后的写作积累素材；可以深化对书中内容的印象，把所读过的书在头脑中形成印象，并融会贯通，提升自己的阅读趣味；可以分类处理，便于日后查询。

持之以恒

任何事情都不可以一蹴而就，做事贵在坚持，贵在持之以恒。

清·曾国藩《家训喻纪泽》："尔之短处，在言语欠钝讷，举止欠端重，看书不能深入，而作文不能峥嵘。若能从此三事上下一番苦功，进之以猛，持之以恒，不过一二年，自尔精进而不觉。"

读书也一样，需要持之以恒地坚持，才会腹中自有诗书气。历经时间的磨炼自然会形成爱读书的习惯。

倡导读书，实在是一件大事，风气渐起，要持之以恒，绝不是一阵风的事。

只要持之以恒，知识丰富了，终能发现其奥秘。

——杨振宁

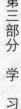

第三部分　学习

（四）培养孩子学以致用的习惯

⏰ 阶段一：认识

✏️ 纸上得来终觉浅，绝知此事要躬行

宋·陆游《冬夜读书示子聿》：古人学问无遗力，少壮工夫老始成。纸上得来终觉浅，绝知此事要躬行。这首诗的大意是说，古人做学问是不遗余力的，并终生为之奋斗，往往是年轻时开始努力，到了老年才取得成功。但是，从书本上得到的知识终归是浅薄的，未能理解知识的真谛，要真正理解书中的深刻道理，必须亲身去躬行实践。这也正揭示了"学以致用"的真正含义：学到的知识要运用于实践。

关于这一点，先哲们也有着深刻的认识，我国著名的思想家、教育家、儒家学派的创始人孔子在《论语》一书中对"学以致用"有着深刻的解析，对当时他的学生乃至后世有着深远的影响。

孔子认为，学习必须有明确的目的，但重点在于"学以致用"。

子曰："诵《诗》三百，授之以政，不达；使于四方，不能专对；虽多，亦奚以为？"（《子路》）这句话的意思是说，熟读《诗经》三百篇，交给他政治任务，却办不好，不能达到预期的目标；派他出使到外国，又不能自己独立地应对；虽然书读得很多，又有什么用处呢？又说："德之不修，学之不讲，闻义不能徙，不善不能改，是吾忧也。"（《述而》）这句话的理解是：品德不去修养，学问不去讲习，听到正义的事不能去做，有错误不能改正，也就是理论和实际不能结合，这才是我所忧虑的。由此可以知道，孔子所说的读书的目的，不在于死记书本，不在于让自己明白为人处世的道理，而在于把书本上的知识应用于实践，能够由一件事的解决推广到同类事情的解决上，做到举一反三，灵活地应对实际问题。"学以致用"的思想不仅是孔子所提倡的，在其学生子夏的思想中也有着体现。子夏曰："仕而优则学，学而优则仕。"(《子路》)也就是说在当官时当自己有时间、有余力就应该学习，在学习的空余时间用来做官，学习和做官要相辅相成。这一思想实质上也是学与用的关系的体现：要想当个好官必须学习，学习的目的是当一个好官。上述这些内容不仅体现了学习与应用的关系，也体现了孔子办私学的目的，即通过教育培养德才兼备的人才，同时要让他们把通过教育学到的知识，学到的为人处世的道理用于实践，在政治舞台上或是在教育下一代上更好地发挥自己的长处。

学以致用对于学生的意义

学以致用——让学生体会真正有意义的学习

在今天，随着经济的飞速发展，科技的突飞猛进，就业压力越来越大，孩子学习负担也越来越重，现在社会，你常常可以看见这样一种情况：很多孩子无论是周末还是寒暑假，总是背着一个大书包或是坐在爸妈的车上或是自己行走在路上，当你问他们干什么去的时候，他们会毫无例外地告诉你"去上某某课后班"。然而，当你问他们"你们为什么会去上这个班"时，其中一部分孩子会回答你"是爸妈让上的"，还有一部分会说"是为了考高分，升入更好的学校"，很少有孩子回答"是因为我对这个班的学习感兴趣，是因为这个班的学习对我自己的成长很有意义"。这就是当今社会的一种现状：孩子的学习常常是被迫的一种古板的学习，他们并没有享受到一种真正有意义的学习，他们所学的知识，仅仅只是一种单调的知识，这种知识只为考试而存在。

那么如何让孩子觉得自己所学到的东西是有意义的，让他们觉得不只是为父母在学习，不是为考试和升学在学习，这就需要让孩子学以致用。例如小孩子在学英语，接下来让孩子们能够用英语跟使用英语的人进行简单的、初步的交流，孩子就会明白，原来英语是一门与人交流的语言，他就会觉得英语很重要，进而自己也会自然而然地去学好英语。再比如学习诗歌，他会从诗歌所描绘的意境和抒发的感情上引起自己内心情感的共鸣，他会明白原

第三部分 学习

来诗歌是一种用精练的语言来表达人的情感的写作方式，从而他会努力地去学习诗歌，偶尔还会有意识地去模仿这种写作方法，以此来表达自己的情感。这样久而久之他会觉得学习原来是这么有趣的事情，学到的东西是可以在自己的现实生活中运用的，他会自己愿意去学，这就是真正有意义的学习。

学以致用——激发学生的学习兴趣

学习兴趣是激发学生学习的内在动力，而"学以致用"则是一种激发孩子学习兴趣的方式。

相信大家都明白，数学知识是一门来源于实践活动、又能服务于实际生活的学科，所以，我们可以说数学这门学科伴随在我们的左右。只有把我们在书本上学到的数学知识，运用于我们的生活当中，调动多种感官进行动手操作，它才会在我们的头脑中形成具体的形象，从而激发我们对于数学这门学科进行更深入的研究。例如，当孩子上小学学习三角形的面积计算时，老师常常事先要求孩子，准备两个完全一样的锐角三角形、直角三角形、钝角三角形，让学生动手拼一拼，拼成一个孩子们曾经学过的图形。这样孩子会很感兴趣，积极性也很高，他们会发现他们所拼的图形有的是长方形，有的是正方形，还有的拼成了平行四边形等。然后老师会让他们观察拼成的图形与原三角形的底、高、面积有什么关系，从而得出三角形面积计算公式。这样既把他们提前学过的知识运用到新的实践过程中，同时更是激发了孩子探究的兴趣。同样，当学生在学习其他的一些科目，如物理、化学、生物时也应这样，让学生在原有知识的基础上探究，从而去解决新的问题。

学以致用——实现梦想的必经之路

每个人都有自己的梦想，并且在内心深处也有一种实现梦想的冲动。要想实现自己的梦想，前期的知识积累必不可少，但更重要的是把自己的积累付诸行动，要"学以致用"，只有行动起来梦想才会真的实现，一切美好的愿望才不会变成空想。

还记得在高中时，我有一个同学非常善于高谈阔论，喜欢针砭时弊，每每给别人讲起大道理来，他总分析得有条有理，还时常给身边的同学朋友很多建设性的意见，让人很是钦佩他的学识和头脑，但是他有一个不足：那就是他总爱纸上谈兵，从不把自己的知识学以致用。清楚记得那是高一的期末考试，这在我们学校是一件大事，因为这将牵涉同学们的分班问题，那段时间大家都在紧张而又忙碌地准备着，甚至很多时候都还挑灯夜战，而他却一副悠闲自在的样子，打篮球、上网玩得不亦乐乎，大家都以为他有猜题的本领，就都虔诚地向他请教，他也毫不做作，随即将我们所学的知识，从每一科目的框架、重点、必考点，再到每一位老师的教课特点都说得头头是道，并且还信心十足地为自己的猜测打了个保票。后来，大家都照着他的意见复习，结果我们班的成绩考得都不错，甚至超过了当时班主任对我们的评估，也都进到了那期的尖子班，然而只有他，有一大半的学科成绩不及格，最终的结果可想而知。其实那时大家心里也都明白，他确实很有才华，但他从未把自己所学的知识用于考试或实际行动之中。也是从那以后，我们心中也明白了学以致用的重要性，也是凭着这份启发，一路走来，渐渐地与自己的梦想在靠近。

> 观察走在你前面的人，看看他为何领先，学习他的做法。忙碌的人，才能把事情做好；呆板的人，只会投机取巧；优柔寡断的人，即使做了决定，也不能贯彻到底。善意需要适当的行动表达。
>
> ——哈佛成功金言

阶段二：培养

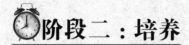

广泛涉猎知识，用心学习，注重积累

"学以致用"虽然强调的是"用"的重要作用，但"学"才是其前提。作为学生，最简单的一个例子就是：设想一下，如果你没有前面的 12 年的"学"做铺垫，腹中空空，脑海空白，当你走上考场，你拿什么来答卷，那时即使

你想用，终究你会发现你的头脑里没有东西让你拿来使用。

这就需要同学们在平时的学习中做到：广涉猎，用心学，重积累。

广涉猎，自然是指学生在学习或是平时的生活中，应广泛阅读各类知识，不要让自己的眼界只局限于书本上或课堂上所学习的或了解的，而应做到中华上下五千年的历史熟记心中，中华文化积极钻研，国内国外人文地理有所了解；用心学，不言而喻，当然是指在学生学习知识的过程中，用心去领悟，思索探究自己所学知识的意义及其使用价值；至于重积累，是指动手、动脑将自己感兴趣的或对自己有用的知识记录下来。

在荀子的《劝学》里早已对学生讲明了"学""积累"与"用"之间的关系。他不止一次强调了"学"的重要性，也一再强调在学的过程中要注重积累。

"君子曰：学不可以已。青，取之于蓝，而青于蓝；冰，水为之，而寒于水。木直中绳，輮以为轮，其曲中规，虽有槁暴，不复挺者，輮使之然也。故木受绳则直，金就砺则利。君子博学而日参省乎己，则知明而行无过矣。"荀子在《劝学》的开篇就谈了"学"对于人的重要性，只有不断地学习，才会使自己更优秀；只有不断地学习，才可以更胜于古人；也只有不断地学习，才会明白得更多，从而在行动的过程中做到更好。

在文章的中间荀子又强调了积累对于"用"的意义。"不积跬步，无以至千里；不积小流，无以成江海。骐骥一跃，不能十步；驽马十驾，功在不舍。锲而舍之，朽木不折；锲而不舍，金石可镂。"一个人只有在"学"的过程中不断地积累，让自己的知识达到一个厚度，他最终才会看见千里之外的美景，领略汇入大海之后的磅礴。这难道不是在提醒同学们：只"学"而不积累，一边学一边忘，最终也不会取得成功。

用发现的眼睛去观察生活

生活中处处存在着美，生活中也处处需要我们去践行，只要你拥有一双发现的眼睛，处处都是你展示自我的天空。

我也是从一名学生走上了教师的岗位，在这些年的学习生涯和教师生涯中，时常会听到学生们说这样的言语"我们学某某课程有什么用啊""学校开设某某课程不是在浪费我们的时间嘛"。其实，回过头来认真想一想，难道真的是这样吗？学校开设的课程真的是这样吗？说实话，我当学生那会儿，由于物理、化学学得不好，我曾经也这样质疑过。但是其中有一件事却给我留下了深刻的印象。

清楚记得那时我正读初二，对于学习方法一直是延续小学时用的，老师怎么说我就怎么做，在学习物理化学的时候，也一直是这样，老师怎么讲我就怎么记，完全是一种死板的学习方式，也一直以为，学习这些只为了考试，从不去想学这些在生活中的作用。有一次星期天放假回家，家里的电路坏掉了，恰逢爸爸又不在家，于是妈妈就随口问我："你不是都已经学了两年的物理了，查找线路应该不是问题吧！"我当时就呆在那儿了，是啊，学了两年的物理，却从未想过原来物理与我们的生活如此接近，这时妈妈也看出了我的困窘，就语重心长地告诉了我一句："女儿啊，生活需要用心去观察，这样你就会发现其实你学的每门课程都是可以用于生活中的，死板的学习是没有用的。"后来，我开始留心身边的事情，开始用探索与发现的眼光看待周围的一切，渐渐的我发现化学是如此有趣，我们可以用化学上的物质制作小能量的炸药，可以用化学中的反应来配置药水改变花的颜色等等，越发的我觉得学校的课程是如此有趣，生活也是如此多彩。

生活从不缺少色彩，人生也从不缺少施展自己梦想的舞台，只要你用心去引导孩子细心观察，动手操作，把知识用于生活，你会发现孩子的心灵中有着不一样的色彩。

与时俱进，跟上时代的步伐

现代的社会是一个不断发展与快速变化着的社会，时间流逝，渐渐的我们会发现，一代人与一代人之间，无论是在学习的内容、对事物的认知还是思想上都有着很大的不同，时代的变化，孩子们所学的知识内容也在不断地更新。因此，当我们在培养孩子的同时，不仅是家长和老师自身要跟上时代的步伐，也要让孩子的思想与时俱进。

与时俱进，开拓创新，跟上时代的脚步，让孩子的知识有着更大的发挥空间，才会在生活中有所创造，也才能更好地学以致用。

比尔·盖茨创办微软，成为世界首富的案例家喻户晓，但在这里，我还

是要以比尔·盖茨和微软来举例。盖茨和微软一直强调做有用的研究，对于有用的研究，微软有四点定义：第一点是做一流的研究，要么不做，要做就做世界上最好的研究；第二点是做主流的研究，或者是三五年之后能够变成主流的研究，而不能仅凭好奇心的驱使，特别是大项目，投那么多钱，建立那么大一个团队，一定要是看得见、摸得着的，一定是有希望的、代表学术界主流的研究；第三点是有用的研究，而且是五年、十年内有用的研究；第四点是最关键的，也是微软与其他公司最不相同的，那就是相关性，不仅有用，而且要对公司的发展有用。总而言之，微软的研究思想就是紧跟科技发展的步伐，并不断试图用这些前沿的成果来对整个产业起到巨大的推动作用。这也正是盖茨成立微软研究院的初衷所在。盖茨表示："我们正在完成一些有史以来最杰出的工作。在过去几年里，我们的很多工作都并不引人注目。有一股产品浪潮即将来临，它将显示，我们正站在一个新时代的前沿。"正是因为盖茨让微软的发展紧跟时代的步伐，而不是因循守旧，微软才可以欣欣向荣，即使金融风暴席卷美国的时候，微软依旧在危机中不断发展。

跟随时代的步伐，让自己的头脑不断地得以充电，把理论与实际相结合，才会在世界这个发展的大潮流中走得更远，收获更多。

选择适合自己的理论知识

17世纪末，在普鲁士王宫里，大哲学家莱布尼茨在向王室成员和众多贵族宣传他的宇宙观时提出："天地间没有两个彼此完全相同的东西。"听者哗然，不少人摇头不信。于是，好事者就请宫女到王宫花园中去找两片完全相同的叶子，想以此推翻这位哲学家的论断。结果，令他们大失所望，谁也没有找到这样的叶子。因为粗粗看来，树上的叶子好像完全一样，可是仔细比较，却是大小不等、厚薄不一、色调不一、形态各异。造成差异的原因，是他们本身所包含的本质的东西不同。其实何止是树叶，世界上的一切东西都不是绝对相同的，由此可以说，人与人之间也存在着不同，无论是在外貌、性格、品质，还是思想。因此，在孩子们学习的过程中，家长、老师也应充分了解孩子们不同的个性差异，从而帮孩子找到适合自己的理论知识。

黄全愈在他的《素质教育在美国》中以他的孩子黄矿研的整个学习过程

为例，讲述了美国对孩子的培养。其中有一节谈到了孩子通过智力测试而进入到SCOPE（天赋教育班）去学习，这种班与中国天赋班的学习课程并不一样，在中国，家长往往是把智力超常的孩子经过跳级让其尽快进入到大学，是一种不顾孩子自身发展规律的催熟式教育，这种教育不考虑学生的兴趣爱好，不关注学习的知识是否适合孩子；而在美国，进入这种班并不是让孩子更快更超前地学习有关书本和考试的知识，是让孩子学习一些例如：古文化研究、历史人物研究、时事分析、政策讨论、哲学问题的辩论和一些学习与思维的方法。如果孩子对某一方面的知识感兴趣，老师会着重教给孩子这方面的知识，最终的目的是帮助孩子找到适合其学习的知识，并让他深入研究，并用实践去检验自己的研究成果。这种学习不仅激发了孩子的学习兴趣，而且也让孩子在实践中收获了更多的知识。

理论联系实际

生活中往往会看到这样的情景：很多人在自己的领域内有着渊博的知识，但当他们去做的时候，却往往在自己的领域内不知所措。就像《三国演义》中的马谡一样，只能纸上谈兵，却不能将理论知识和实践有效而完美地结合起来，最后自己丢了性命不说，还贻误了战机，使蜀国失去了进攻陕西的最佳时机。

培根说过："各种学问并不是把本身的用途教给我们，如何应用这些学问乃是学问以外的、学问以上的一种智慧。"因此学生在学习知识的时候，作为家长和老师应引导孩子把所学的知识加以消化吸收，并带领他们去实践，使理论与实践有机地结合起来，用理论指导实践，同时使理论在实践中得以升华，而不应把孩子当作一个装货物的仓库，使知识只是机械地从孩子的头脑里进进出出。

当你真正把自己所学的知识，运用于实践并有所发现，能够创新的时候，你才会发现，学以致用的乐趣之所在！

第三部分 学习

（五）培养孩子劳逸结合的习惯

阶段一：认识

劳逸结合，关乎国泰民安

《礼记·杂记下》中有这样一段话："子贡观于蜡，孔子曰：赐也，乐乎？对曰：一国之人皆若狂，赐未知其为乐也。孔子曰：百日之劳，一日之乐，一日之泽，非尔所知也。张而不弛，文武弗能；弛而不张，文武弗为。一张一弛，文武之道也。"意思是说:有一次，子贡参观完十二月合祭百神的祭礼，回来后拜见孔夫子，孔夫子于是问子贡说：赐，你觉得快乐吗？子贡答道：一国的人都高兴得像发了狂似的，可是我并不觉得有什么可快乐的。孔子微笑着说：百日的劳苦，一天的欢乐，这是君主的恩泽，不是你所能了解的啊。把弓弦拉得很紧而不松弛一下，这是周文王、周武王也无法办到的；相反，一直松弛而不紧张，那是周文王、周武王也不愿这样做的；有时紧张，有时放松，有劳有逸，宽严相济，这才是周文王、周武王治国的办法。

孔子的这段话正说明了:要治理好国家，就要让人民有劳有逸，劳逸结合，使工作、生活有节奏地进行；处理事务紧松结合，有所调节。

"伐无道，诛暴秦"的陈胜、吴广起义，最重要的原因就是：秦朝的徭役负担非常繁重，秦始皇在关中和关外大造宫殿和离宫，民众被征召服苦役，出现了"丁男被甲，丁女传输，苦不聊生，自经于道树，死者相望"的悲惨景象。大量劳动力脱离生产，日复一日地从事繁重的劳役，而不能得片刻休息，从而有了人民的反抗，出现了"一呼百应"推翻暴秦的局面。

而唐太宗时期，却恰恰相反，使民众休养生息，鼓励按时节进行生产劳作，使唐朝子民安居乐业，得到了人民的大力拥护，出现了一片盛世局面。

由此可见，在统治上的劳逸结合，对于一个国家、一个民族的兴旺安定有着重要的意义。

劳逸结合，对于社会生活的意义

人类社会是由各个领域组成的，一张一弛、劳逸结合的思想，对于社会的各个方面都有着重要影响，大到国家管理，小到人的思想修养，从政治的运筹到军事的战略战术，从经济的竞争到科学技术的发展，从人与自然环境到人的工作、学习、生活的节奏等等，可以说是无处不有，无时不在。在工作中懂得张弛有节、张弛适度、松紧和进退，懂得合理安排，适时应变、刚柔相济、能屈能伸的修身处事的方法，能使自己工作娱乐双丰收；运用到教育上，对于孩子的学习，更应是有张有弛，努力学习与娱乐身心更应有机地结合起来，使学习和娱乐相辅相成，这样才会使学生对于学习更有兴趣与热情，也使孩子在玩与学中德、智、体、美、劳全面发展。

在现代生活中，常常可以听见周围的同事朋友感叹身不由己，虽然都知道命运由自己把握，但有多少人能自如地处理好日复一日、年复一年、林林总总的事务呢？有人每日紧张不停地工作，熬夜加班，时间一久，却因身体无法负荷过度的工作量，早早衰竭。曾在一些报道上看到，有些盛年之人突然心力交瘁离世，还有的年轻学子，不堪学业或心理重负而轻生……当长期生活在紧张的压力之中，以有求的心学习、工作，绷紧了生命之弦，时日长久，就绷得失去韧性，或者绷断了，真是得不偿失！

《格言联璧》有云：天下最有受用，是一"闲"字，然闲字要从勤中得来。天下最讨便宜，是一"勤"字，然勤字要从闲中做出。倘若我们懂得劳逸结合，松紧有度，不但不会荒废时光，身心也不至于过度疲劳。我每天被繁杂无奈的工作弄得精疲力竭、头昏脑涨，常常失眠，每天夜里都是和工作有关的梦境，现在回头想想，并不能责怪工作，有多少人的工作强度和压力要比我大得多得多！关键问题是我不能把劳逸结合用得恰到好处，只是凭着一股冲劲，对自己太严厉，对思想又太放任。当晚上十点半我还在整理学生的资料、想着学校的事情的时候，我命令自己要节制，该洗澡睡觉去了；当我在床上任

思绪遨游，我命令自己要节制，该进入梦想了；…… 早晨起床，就突然觉得自己今天神清气爽，对于新的一天有了更加热切的盼望，对于生活有了由衷的感激。

劳逸结合，对于学生生活和学习的意义

劳逸结合有利于脑健康，增强记忆力

大家都知道，学习其实是一种脑力劳动，据研究，脑力劳动的消耗往往比体力劳动要大，所以在孩子小的时候，一定要养成一种劳逸结合的好学习习惯，为孩子预留出空间去放松，保证孩子头脑的健康。往往那些只强调学习成绩，不给孩子喘息机会的做法，只会让孩子变成一个毫无知觉的机器和一个为了成绩畸形发展的工具。到头来，老师家长费了很多功夫，孩子也牺牲了很多放松的时间，反而让孩子的头脑处于一种浑浑噩噩的状态，学习成绩无法提高。

据哈佛大学的一项研究调查发现，考试之前通宵达旦的人，第二天往往记不住应考的内容，而学习和练习完新东西好好睡一觉的人，次日所能记起的东西，要多于那些学习完同样的东西后整夜不睡觉的人。保持心情平静、沉着，保持精神集中，使大脑获得良好的休息，有助于记忆力的提高。

兴奋和抑制，是神经活动的基本过程，劳逸结合可有效调节流经大脑的血量，改善脑营养代谢，促进脑能源物质的合成，消除疲劳，增强记忆力，保证孩子有一个良好的学习状态。

劳逸结合，学习更有劲儿

沉重的学习任务和繁重的课业压力，是现在学生普遍面临的一个问题，对于这种现状，就急需一种"解放"身心的方法，它的解放身心不是任由你放纵，而是使孩子的大脑更好地得以调节，使大脑得到更充分的休息，为自己的下一步学习做好充分的准备，这种方法就称之为劳逸结合的学习方法。

相信大家都知道一个著名的学习效率公式，7+1>8。意思就是说，每天 7 小时的学习，外加 1 小时的娱乐活动，所达到的效果要大于 8 小时连续不断的学习。

154

爱因斯坦在学习研究疲倦后，会拿起他的小提琴，拉奏一段乐曲，沉静在美妙的乐曲中，暂时忘掉学习的内容，当头脑放松之后他才会继续工作。就像列宁说的"会休息的人，才会工作"，学习也是如此，只有劳逸结合起来，在大脑的另一个兴奋点到来的时候，孩子才会学起来更有劲儿。

劳逸结合，有助于孩子对生活充满热情

繁重的学习压力，常常会使孩子感到很疲惫，长期下去，孩子感觉不到学习的真正意义，只知道日复一日地不断地学习，学习再学习，当遇到学习上不如意的时候，小小的心灵便受到创伤，对于现世的生活也失去了兴趣。

这样的生活对于家长、教育者来说，不可不谓是一种悲哀，但这样的事情却在中国乃至世界屡屡发生，令人心疼的同时，更重要的是引起家长和教育工作者的反思：孩子不是学习的工具，培养孩子的目的是使孩子在这个世界里多彩地生活着，对于生活，对于自己的人生充满热情和爱。

这就要求家长和教育者，在对孩子的培养中，在把学习放于首位的同时，要引导孩子学会劳逸结合地生活，让孩子在学与玩中体会生活的真正意义，感受生活带给自身的兴趣。

⏰阶段二：培养

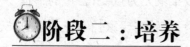
家长应该如何培养孩子劳逸结合的习惯

一、做好孩子的榜样

父母是孩子最好的老师，孩子在小的时候，脑力、智力发展没有达到成熟阶段，模仿能力非常强。这个时期，如果父母做好孩子的榜样。比如在一天中的某一时段，全家人约定一起看书，在某一时段一起看电视，在某一时段进行体育锻炼，并严格执行，如果有人没有好的执行所制订的计划时，就要接受惩罚。把看书学习与娱乐时间合理地安排，全家一起遵循，大家一起按制订的计划去实施，长此以往，相信孩子会养成劳逸结合的好习惯。

二、采用正负强化的方法

在心理学上有一种刺激反应的方法，叫作正强化和负强化。"正强化"是指增加一种刺激的发生来使另一种刺激的发生机会增强。"负强化"，是指减少一种刺激的发生来增加另一种刺激的发生机会。其实父母在教育孩子的过程中很多时候都运用到了这种心理学的方法，在培养孩子劳逸结合的习惯的时候，这种方法同样适用。例如：为了使孩子早上不睡懒觉按时起床，可以为孩子制订一个条约，如果孩子每天都按时起床，周末可以带她去她最想去的地方玩或买一本她想要的书等；反之，如果她有一天早上没有按时起床，可以对她进行惩罚，例如让她做一周的家务，或是洗一星期的碗等。同样的在孩子的各个方面都可以进行这种强化。但要注意的是：家长许诺给孩子的东西一定是在其经济承受范围以内，既然许诺了，就一定要实现其诺言；家长制订的惩罚措施也一定要严格监督孩子完成，让孩子形成一种严肃对待每一件事的思想。

三、营养膳食

"民以食为天"，一餐可口的饭菜会让人身心舒畅，体能活跃，孩子更是如此，高压的学习会导致孩子大脑能量消耗过度，引起心理烦躁、厌学的现象，这时就要及时地补充大脑营养。而补充大脑营养最好的方法并不是通过滋补品，而是饮食上摄入的能量。父母的一顿营养的饭菜就尤为重要，合理的膳食，最重要的是营养上的均衡，不能任由孩子偏挑偏爱，这就需要家长多花费心思，怎样既把饭菜做得可口、有营养，又能符合孩子的口味。

四、陪孩子做一些简单的消除疲劳的体操

当孩子放学回家完成作业的时候，父母可以陪着孩子做一些简单的体操，这样既消除了疲劳，同时也娱乐了身心。这里我简单介绍几种方法：

1. 单侧体操法

由于人脑左右两半球在功能上显著不同，孩子在学习时，一般大脑的左半球的生理负荷要比右半球重。科学研究证明，单侧的体操锻炼可以消除对侧半球的疲劳。具体方法：

（1）站立并目视前方，右手紧握拳，右腕用力，屈臂，慢慢上举到最大限度，还原，重复8次。

（2）右腿伸直上举，然后倒向右侧，但不能挨地，还原，重复8次。

（3）右臂向右侧平举后再上举，头不能动，然后左臂上举，平举还原，重复8次。

（4）翘起脚尖，像俯卧撑那样用腕和脚尖支撑重复8次。

2. 疲劳防治操

由于孩子的大多数学习时间都是坐在座位上，这样由于身体前倾，呼吸肤浅，肺活量减少，物质代谢功能也随之下降，从而形成疲劳。这样就需要做一下疲劳防治操，就可以在短时间内消除疲劳。具体方法：

（1）时常做些挺胸直背的动作，同时用手臂绕圈。

（2）身体后屈，伸腿、臂，伸直用力摆几次。

（3）慢慢地做几次头绕圈的动作，然后轻轻按摩颈肌、肩胛肌。

（4）深吸气，然后慢慢地呼气。

（5）两手臂下垂，做几次手的动作，松紧手指，两手腕放松抖动。

（6）离开座位，走动走动。

老师应如何做

一、安排好课余时间

学校之所以在每节课之间安排十分钟休息时间给学生，目的是用来给学生调节思维，让孩子的思维获得短暂的休息，就是我们平时说的"换换脑"，为接下来的课程累积精力。如果上课认真听讲了，下课十分钟是相对比较疲惫的，所以更要好好利用这短暂的十分钟来给自己一个状态调整。调整的方式很多，比如听歌、暂时的打盹、伏台休息、闭目养神等都是可取的方式。但总是有少数爱动的孩子会在下课的这段时间里大声喧哗，所以教师应明确哪些现象不可以在课间十分钟出现。或者教师可以带领大家共同唱一首歌或者做一个简单的小游戏，调动一下孩子的积极性。

二、每周适当地开展一些体育运动

孩子在学校里，每周一到周五都处于紧张的学习状态之中，这不利于保证学生更好地学习效果。老师应带领孩子在周一到周五中，开展一些对孩子起润滑作用的活动，像适当的运动或是开展一些简单的竞赛。这样一方面抵

第三部分　学习

消了上课带给孩子的疲劳，而且更有益于孩子的身心健康，使孩子爱上学校生活。

三、周末休息

周末是老师和学生都盼望的，作为学生来说，如何利用好周末同样是值得认真考虑的一件事情。教育部规定中小学周末不能补课，那么到了周末孩子该何去何从？人有惰性，总希望自由，周末是学生最自由的时间，但因为孩子阅历和控制力有限，所以周末同样是孩子最容易出现事情的时间。所以教师尤其要做好对孩子周末休息的教育。针对目前社会对人才能力方面的要求，教师要做好恰当的战略指导，让学生度过丰富而有意义的周末，使学习和周末娱乐更好地结合。

例如，学校连续学了五天，书本知识得到了锻炼但是眼界却相对的缩小，和社会又隔了五天，所以，可以指导学生多逛商场，多逛书店，学会砍价，学会和生意人辩论，学会和陌生人打交道等等。这样既是一种假期的休闲，而且也让学生在休闲的过程中得以了解社会，这也是一种有效地劳逸结合的方法。再或者，教师可以让学生自愿组成小组，到学校周边的风景相对较好的地方一起去郊游，去兜兜风，去欣赏一下美景，以缓解因长时间接触学校的文化气息和景色带来的审美疲劳，同时让自然陶冶一下心境，既培养了孩子对大自然的热爱之情，同时也使孩子在学习之余娱乐了身心。

——摘自《教师如何帮孩子爱上学习》

学生自己应如何做

一、依照生物钟安排学习时间

生活中常会听到同学们说，"我早上一起床就背单词效果很好""我中午记单词，很快能记得住"等类似的说法，这是因为每个人头脑里所形成的生物钟不一样，所以对于知识的记忆阶段性不同，因此，作为孩子，一定要按照自己的生物钟进行学习，这样既不会使自己的大脑长期处于混沌状态，还会提高学习效率。

但是往往我们看见的是这种情况：很多孩子看到别人早上背单词效果好，便强迫自己早起背单词，结果到了下午上课犯困，课堂内容反而没听到，可谓得不偿失。

每个人的生活环境、生活习惯以及生理条件都不尽相同，学生应该学会自我观察，了解自己的最佳学习时段，照此安排自己的学习和休息，才有望收到最好的学习效果。

专家建议：在考试阶段应尽量保持日常的作息和饮食习惯。有研究表明，深海鱼类和低脂乳制品可以有效缓解焦虑现象，可适当增加摄入。注意劳逸结合，随意打乱生物钟的做法不可取。处于生长发育期的青少年每天的睡眠时间不足 7—8 小时，就会影响记忆力。可见，牺牲睡眠时间不仅无助于成绩的提高，还直接影响身体的健康和日后的学习效果。

因此，孩子在给自己安排学习计划时，一定要充分考虑自己的生物钟，在效率最高的时段里做应该做的事情。

二、为自己预留出体育锻炼的时间

以下这样的场景是最经常出现在我们的周边或是我们的孩童时代：

"鑫鑫，起床啦！"妈妈在卧室门口边敲门边喊。

"哦，知道了。"鑫鑫迷迷糊糊答应一声，又埋头大睡起来。

又过了十分钟，妈妈在门口又开始边敲门边喊："鑫鑫，起床啦，还不起来，今天不跑步啦？"

"哦，知道啦，再睡一小会儿。"鑫鑫在床上嘟囔着。

又过了五分钟，妈妈见鑫鑫还没动，又叫了一遍，只听里面传来一个声音："我今天不去跑步了，反正是星期天，就让我多睡一会儿吧……"

像鑫鑫这种情况，几乎在每一个中国家庭里都会发生，孩子们也知道锻炼是为了让自己身体更健壮，能有一个好的体魄、精力去面对自己的生活，同时也让自己的大脑放松起来，但是由于惰性，孩子的这种习惯总是坚持不了多久。

在生活当中，每一个孩子都应该对自己负责，为自己预留出锻炼的时间。即使没有额外的锻炼时间，那么学校也为孩子安排了体育课，学校的体育课安排是经过教育家研究决定的，它在锻炼内容、强度和方法上是适合孩子的，所以作为孩子，要认真地上好每一堂体育课。还可像鑫鑫一样，进行晨跑，每天提前半小时起床，进行十到十五分钟的晨跑，晨跑不仅仅是锻炼体质，还可以增强肺活量，增强心脏的摄血功能，有利于血液循环，从而保持头脑清醒，但是晨跑对于孩子贵在坚持，不能和鑫鑫一样，不想跑了就懈怠。这样坚持下去，让自己每天保持着一颗清醒的头脑去上学，既让自己感到了锻炼的快乐，还可以辅助自己的学习。

三、为自己营造良好的学习环境

人生活在地球上，时时刻刻在面临着这样那样的环境，环境对人的影响不可低估。同样要让自己全心全意地学习，也要为自己营造一个好的学习氛围和环境。

有时候无论是在电视上或是在生活中，我们常常会看到这样的景象：一个孩子坐在写字台前，他的正面放着课本和作业本，右面是一个颜色亮丽的游戏机，或是一本封面很好看的漫画书，并且耳朵里还听着音乐，要不就是卧室的门敞开着，客厅的电视里不时传出近期特别火热的电视剧里的女主角叽叽喳喳的声音。

这样氛围之下，自己真的能全心全意把精力投入到学习上来吗？答案是否定的，其实做任何事情，都需要一个环境气氛的营造，学习是一件极为安静思考的过程，心中除了你现在要学的知识外，应做到心无旁骛。

孩子自己的房间应该有游戏机、音乐播放器之类的东西，但这些东西是作为经过一段努力的学习之后进行休闲放松的工具。学习时如果把这些东西放于眼前，只会让自己既不能安心学习，又不能安心去玩，心中处于学与玩的挣扎之下，这样反而会更加疲惫。

同样，自己生活用品的摆放，书桌的位置，桌上物品的陈列，都应遵循看着舒心、用着方便的原则，这样会让自己更加放松，带着愉悦的心情进行学习。

四、多门课程交替学习

在学习的过程中，特别是书本的理论知识，不可以长期地专注于一门知识的学习，应该把时间进行合理的分配，各门学科进行交替学习。

新浪城市中心晚报有这样一则关于吉林省实验中学刘泽汀使用交替学习法考入香港科技大学的报道，刘泽汀对于交替学法有着自己的独到见解：

"交替法"是指在学习过程中各个学科之间轮番交替进行，即在一定时间内，轮换学习（包括做题）各门学科。他的理解是人都是"喜新厌旧"的，它符合人的身体和心理的自然规律。比如，总做一件事儿，无论是身体还是心理都会产生厌倦和抵触。顺应这一规律的正确方法就是不断地弃旧迎新。当然，新和旧是转换的、相互取代的，新转化为旧，旧又变为新。他自己在进行学习的过程中，每一门学科所用的时间不超过半小时。刘泽汀说，在学习（包括做题）的时候，如果时间超过半小时，从来没有集中精力只学某一门学科，或只做某一门学科的题。也就是说，桌子上一定放着四五门学科的书，如果学习时间为一个半小时，他就安排学三到四门学科，每科学习时间最多不超过30分钟，一般情况下20分钟左右。他根据自己的实践证明，人的大脑接受某一类新信息时，前半个小时最兴奋、最活跃，学习效率最高、效果最好。超过30分钟即开始下降，如果这时候继续学下去，效果会大打折扣。然而，接下来换另一门学科，大脑就会又处于最活跃、最兴奋状态。如此下去，一个学习周期为一个半小时到两个小时，最多不超过两小时。一次学习时间超过两小时，效果非常差，还不如休息一小时后下一轮学习的20分钟效果好。其实，进行学科的交叉学习，也是一种劳逸结合的方式，只不过这种方法中，依旧把后一门课程的学习当作替换前一门的娱乐工具而已。

由此可见，在每一个孩子的身上其实都可以进行这种交替式的学习，让自己有意识地去锻炼这种学习方法，对于自己劳逸结合习惯的养成会大有益处。

五、自己学会放松

放松的方法有很多，但是并不是每一种方法都适合自己，所以要学会放松，找到自己最适合的放松方法。

听音乐、打游戏、画画、体育锻炼、晨跑、野外郊游、去动植物园、去游乐场、看电视等等都是一种学习后的放松。但是，这些方法并不是处处都可以随意运用。如果你本来进行了一天繁重的学习之后，大脑一直是处于紧绷的状态，这时如果你再去打那种高难度、需要耗费大量的脑力的游戏，这样并不是一种放松，反而会让自己的大脑更加紧张。

第三部分　学习

放松也不是时时都可以，要学会把握放松的时间。例如：在上课时，老师正在讲台上认真地讲解着习题，而作为学生，你却在下面两耳塞着耳机听着音乐，这也不是一种放松，而是在浪费课堂时间，不尊重老师的表现。这样你既错过了课堂的有效学习时机，也是对自己的不负责任。

因此，要学会放松，放松可以是在下课的十分钟听一首轻松愉快的歌曲，可以是和朋友在放学后的校园里打打羽毛球、篮球，踢踢足球，可以是在晚饭后陪着家人在小公园里散散步，也可以是在完成作业后看看时事评论或是娱乐新闻。

总之，适当的放松，要求你的放松必须符合时间、场合、自身的学习状况，使自己的大脑、身心得到真正的休息和愉悦。

温馨贴士：

适当放松不等于彻底放纵！始终保持一颗清醒的头脑！

第四部分 事业

（一）培养孩子开拓创新的习惯

阶段一：认识

我国儿童创造力差

李大钊曾经说过："人生最有趣味的事情，就是送旧迎新，因为人类最高的欲求是创造新生活。"然而，我国儿童现阶段的创造心理发展实在令人担忧。

2001年，相关工作人员以问卷调查的形式对中英青少年创造力进行了比较。分别有1087名12-18岁的中国学生和1087名11-15岁的英国学生参加了调查。

问卷包括7个题目。第一题是物体应用，旨在考查青少年列举物体的科学应用时所表现出来的科学创造力的流畅性、灵活性和独创性；第二题是提出问题，测量青少年对科学问题的敏感性；第三题是产品改进，目的是考查青少年对技术产品创造性的改进能力；第四题是科学想象，测量青少年创造性的科学想象能力；第五题是解决问题，旨在测量青少年创造性问题的解决能力；第六题是科学实验，用于考查青少年创造性的实验能力；第七题是产品设计，测量青少年创造性的产品设计能力。

调查结果发现:第一,英国青少年的创造力明显高于中国青少年的创造力,特别是发散思维和技术领域差异较大。第二,除问题解决项目外,中国青少年的得分均低于英国青少年。

——摘自郭晶《中国传统文化对青少年创造力的负面影响分析与对策》

> 如果今天你不活在未来，明天你将会活在过去。

理想的教育应该有利于儿童创造心理的发展，激发儿童的创造动力，开发儿童的想象力。所以，创造力的缺失并不可怕，可怕的是不再创造。

个人取得成功的关键

刘湛秋曾有过这样的感言："艺术总是喜新厌旧的，任何重复必然使人产生疲倦。"生存也是一门艺术，有的人一生总是充溢着阳光，荡漾着花香；而有的人的一生却总是与苦难相伴，与困扰同行。因为艺术需要不断地创造、更新，昨天的艺术是今日的丰碑，但明天的丰碑，需要今天来创造，也只有今天才能创造。错过了，便不再拥有，错过了，便不再想起。一次一次地错过，只会让你与成功渐行渐远，因为时不待我，又何况这个稍纵即逝的灵感呢？拒绝创造的人生是失败的人生，追逐创造的人生才是成功的人生！

纽可门发明了抽水式汽轮机；瓦特研究了他的发明，但并没有沿着他的思路走下去，而发明了热蒸汽机；狄塞尔研究了瓦特的外燃机原理，也没有跟着瓦特的路走下去，而发明了内燃柴油机……所以说只有创新才会有新发明，只有创新才会有进步，只有创新，一个人才会取得最后的成功。

中国古代四大文学名著之一的《水浒传》，最初翻译成英文出版时被译为《发生在水边的故事》，无人问津，出版商也因此而大为苦恼。但是这个问题并没有使智者犯难,时隔不久,一本名为《一百零五个男人和三个女人的故事》的书出现在书架上，市井之民争相购买，而殊不知它就是那本曾让人不屑一顾的《发生在水边的故事》。

其实取得成功并不难，难的是你不愿意去思考，打破常规去创造。发展要有新局面，创新要有新思路，只有打破常规顺应时代的潮流才能在稳中求胜，才能在激烈的社会竞争中，为自己赢得财富和荣耀，为继续发展奠定坚实的基础。创新是人们取得成功的最大法宝，顺应时代的潮流，结合自身的特点，适时地反弹琵琶，奏出荡气回肠的乐曲，也不失为一种创造。

守护好自己的思想比什么都重要。

科技发展，社会进步的源泉

四季轮回，花开花谢，岁月流逝，悠悠千载。一次创新就是浪花一朵，一次创新就是丰碑一座。创新铸造了一个个美丽的传说，创新是你我永存心底的歌。

未来学家奈斯比特曾经说过："处于伟大变革的时代，我们最需要的是创造力和创造精神。"自改革开放以来，我国在经济领域所取得的成就举世瞩目，文化科技也得到了长足的进步与发展，人民的生活水平得到了显著的提高，社会总体上实现了跨越式的发展。然而我国不少的产品却因为质量低，品牌形象差，而难以进入西方市场。原因何在？最关键的就是我们只是简单地"拷贝"了国外的知名品牌，缺乏自主知识产权，没有变革，没有加以创新，再造。而这一味的复制粘贴，只能让我们裹足不前，被别人牵着鼻子走，最后也只能失落地与世界顶尖的高新科技与技术擦肩而过了。

无数的事实都已证明，"电脑"不等于"人脑"，"中国制造"不等于"中国创造"。伴随着经济科技时代的来临，各国之间日趋激烈的竞争实质上早已成了创造力的竞争，创新型人才的竞争。现代化，并不是"西方化"，长此以往的依赖进口，模仿西方，只会越来越磨灭中华民族的创造精神，而一个没有创新能力的民族，就难以屹立于世界民族之林。

第四部分 事业

⏰ 阶段二：培养

✏️ 善于观察，心思细腻

在课堂上，老师总会问学生"还有问题么"，在我们国家，学生的回答从来都只有一个就是"没有"，然而在一些西方国家的课堂上情况却恰恰相反，学生会有好多问题要问，而且西方的老师很喜欢会提问题的学生，他们认为这样的学生才是真正学会的学生。其实这也适应了中国的一句老话"学得越多，越不懂；学得越少，越觉得自己什么都懂"。中国学生之所以没有问题，因为他们对于老师讲过的内容的确听懂了，但是他们从来不会细心地去思考老师为什么会这么讲？以及接下来会发生什么？然而，创造却来自于对问题的大胆质疑，而问题又来自于对周身事物的细心观察。

美国麻省理工学院机械系谢皮罗教授关于容器里流水旋涡的旋转方向与地球自转有关的论断，就是通过洗澡时观察到的现象所发现的问题。洗完澡把浴盆的塞子一拔，水就流走，很少有人去留心这里还有什么学问。谢皮罗却是一位有心人，他敏锐地注意到，每次洗澡，水流出的旋涡总是向左旋转的，即逆时针方向流出的。难道这是一种特殊现象吗？他又自行设计了一个蝶形容器，每当拔掉塞子的时候，蝶形容器的水也是向左旋转的。于是，他推想：放水时的旋涡向左转绝非偶然，而是一种有规律的现象，并通过一系列的后续观察，悟出了产生这一现象的原因。1962年，谢皮罗发表论文，认为这种现象与地球自转有关，由于地球是自西向东旋转，而美国又地处北半球，由于地心引力的影响，容器里的水总是沿逆时针方向旋转的。他由此推论，北半球的台风同样是沿逆时针方向旋转的，还断言，如果在南半球则方向正相反，即洗澡水是按顺时针旋转的，而在赤道则不会形成旋涡。谢皮罗的论文引起了世界各国科学家的莫大兴趣，他们纷纷进行观察或实验，其结果无不与谢皮罗的论断相符。

——摘自王灿明《儿童创造心理发展引论》

可以说，像谢皮罗这样的事情是每个人在生活中都会经常遇到的，但是像谢皮罗这样细心去观察，去思考的人又会有几个呢？绝大多数的人也只是熟视无睹罢了。所以，问题并非是所有人都能提出的，发现问题，提出问题往往比解决问题更为重要。而且也只有那些心思细腻、善于观察、善于思考的人才能提得出来，也只有这些人才会发现生活中的创造之源，培养创造的动力。

所以，要培养儿童开拓创新的习惯，老师和家长首先就要让他们能够主动细腻地去观察，思考周身这个大千世界。孩子在小的时候总是对这个世界充满好奇，他们会问雪为什么是白色的？人为什么会说话？甚至是生活中平淡无奇的一件小事，他们都喜欢问个究竟，这时就要求家长用悦耳动听的语气绘声绘色地讲给孩子们听，培养他们细心观察的兴趣。在学校，老师要时刻提醒学生看书时要注意姿势，读书时要注意看准字再读，在写作业时，低年段的学生需老师念题，这时的孩子需要养成仔细听题的习惯，跟着老师念的题目写，写完后要告诉学生再检查一遍，等学生到了中高年级就会有较良好的答题习惯，如果这个习惯没养成，长大后就会养成不看题目就答题的坏习惯。

心思细腻，不懂就问，你会创造更多奇迹！

突破常规，善于变通

古往今来，有多少文人墨客都在歌颂着名山大川，而它们或以"高大雄奇"著称，或以"辽阔深邃"而闻名。然而，刘禹锡却反其道而行之，提出了"山不在高，有仙则名；水不在深，有龙则灵"这样千古传唱的佳句。诗人突破了传统的枷锁，运用逆向的思维，为诗篇注入了更为深刻的思想内涵。这就说明，面对同样的问题，如果我们能够另辟蹊径，走别人未走过的路，开别人未曾发现的门，就会发现原来世界另有一番天地！

第四部分 事业

在德国，有一个造纸工人在生产纸时，不小心弄错了配方，生产出了一批不能书写的废纸。因而，他被老板解雇了。正在他灰心丧气、愁眉不展时，他的一位朋友劝他："任何事情都有两面性，你不妨变换一种思路看看，也许能从错误中找到有用的东西来。"于是，他发现，这批纸的吸水性能相当好，可以吸干家庭器具上的水分。接着，他把纸切成小块，取名为"吸水纸"，拿到市场上去卖，竟然十分畅销。后来，他又申请了专利，独家生产吸水纸发了大财。

——摘自甘曜玮《作文材料大王》

我们不能否认规律的存在，但是当我们在规律所打造的条条框框中已不能真正地展现自己时，为何又要让自己困死在方圆中呢？规律是死的，人是活的，只要我们能够突破这个所谓的永远的模式，我们就会营造另一种世界，换来另一种惊喜。

曾经有一位母亲把自己的儿子带到一位伟大的科学家面前，希望他能把自己的儿子培养成爱因斯坦式的天才。这位科学家随手指了指桌子上的一个烧杯，叫这个孩子去碰触，但是当这个孩子还没有走到烧杯面前，就被身后的母亲拽住，并厉声喝道："不准碰！"科学家慢慢地站起身来，一边离开房间，一边轻轻地叹息道：又一个"爱因斯坦"被扼杀了！

在全世界都公认为最聪明的犹太人中，在每科考试几乎都是满分的中国人中，为什么没有第二个"爱因斯坦"出现呢？是谁扼杀了"爱因斯坦"？是前人的失败教训？是父母的过分溺爱？还是……我认为最关键的原因其实是规矩，是人们心目中那个无形的却又客观存在的条条框框，它扼杀的不是几代人，而是所有会成为天才的灵感。

曾经看过这样一则故事：

一天早上，一位贫困的牧师，为了转移哭闹不止的儿子的注意力，将一幅色彩缤纷的世界地图撕成许多细小的碎片，丢在地上，许诺说："小约翰，你如果能拼起这些碎片，我就给你一点奖励。"

牧师以为这件事会使小约翰花费上午的大部分时间，但没到十分钟，小约翰便拼好了。

牧师问："孩子，你怎么拼得这么快？"

小约翰很轻松地答道："在地图的另一面是一个人的图像，我把这个人的照片拼在一起，再翻过来，正好地图也就拼好了。"

牧师微笑着摸着儿子的头。

——摘自甘曜玮《作文材料大王》

所以要培养儿童开拓创新的习惯，突破常规，摆脱眼前的束缚，也显得尤为重要。只有让儿童打破曾经一贯的想法，探索新的解决问题的途径，试图把复杂的问题简单化并加以创造性的理解，才能真正地突破思维的枷锁，达到创造的境界。在这方面，老师和家长可以多给孩子讲一些告诫孩子要善于变通的故事，例如：《按图索骥》、《郑人买履》、《刻舟求剑》等，在故事中教会孩子突破常规的习惯。

千万不要绝对肯定成功，而要相对否定失败。

相信自己，坚韧不拔

人生，是一局子落无悔的棋；一重波涛万顷的海；一场鼓响喧嚣的戏，而我们只是一个平凡的过客，但不平凡的是我们能够化解心灵的困惑与迟疑，创造世界的绚烂与缤纷。相信自己，永不言弃，创造世间千年的奇迹！

一代诗圣李白曾豪云："天生我才必有用，千金散尽还复来。"我们伟大的开国领袖毛泽东也曾感言："自信人生二百年，会当激水三千尺。"自信是成功的第一秘诀，无论是在工作学习，还是在开发创造中，自信就像空气一样虽然无形但却人人需要，一个人如果没有了信心，那么他将什么都没有。

曾经有这样一位青年，他相当有才华，曾去一家国际大公司应聘，但这家公司的竞争力很强，录取率只有千分之几。录取时间已过，但是他还没有

收到录取通知书，于是他割腕自杀未遂而进了医院。过了几天，他在医院得知自己被录取了相当的高兴，但是当这家公司派人送通知并知道了这件事情后，却取消了他的资格。他们的理由是："我们是一家国际化的大公司，我们迎接的是 21 世纪激烈的竞争，我们需要的是各方面都出色，特别是具有良好的心理素养的人才，很显然，你已经不是我们所需要的人才了！"

——摘自刘书林《中学生优秀作文》

这位青年还未站起来，就又倒下了。可见，自信对于一个人来说是何等的重要而不可或缺。事业上如此，学习上如此，培养儿童的创造力也是如此。

儿童在创造过程中不可能是一帆风顺的，一定会遇到各种各样的坎坷与荆棘，这就需要培养儿童自信、坚毅、不达目的不罢休的性格。刘京海最常说的一句话是："把孩子当天才来欣赏，当天才来培养。"所以不要总对孩子说"你真笨"、"就没见过像你这么不开窍的孩子"、"你不行"之类的话，而要经常对孩子说"你真棒"、"你真行"、"你是我们的骄傲"。很大程度上，孩子的自信也来自于外界的鼓励与支持。所以老师和家长要在鼓励肯定的语言氛围中，建立孩子的自信心；在各种丰富的活动中体验成功，培养孩子的自信心；在发扬优点、弱化缺点中增强孩子的自信心；也要在一点一滴的生活情境中树立孩子的自信心。

著名化学家、发明家诺贝尔在发明炸药的过程中，遇到了种种困难。有一次他在火车上做实验，实验失败，生命受到威胁，还差点把火车炸了，也因此被列车长打聋了耳朵，但他仍然坚持着他的创造活动。因为在他的心中，始终有一股力量在支撑着他继续实验。

——摘自王灿明《儿童创造心理发展引论》

拿破仑曾说过这样的一段话："达到目的有两个途径，即势力与毅力。势力只为少数所有，但是坚韧不拔的毅力却是多数人都有的，他的沉默力量往往可随时间达到无可抵抗的地步。"所以，单有自信还不够，还需要有坚毅的性格与之相配合，才会创造出更大的价值。

坚毅，是杜甫"致君尧舜上，再使风俗淳"的肺腑之言；坚毅，是李白"仰天大笑出门去，我辈岂是蓬蒿人"的高歌；坚毅，是毛泽东"数风流人物，还看今朝"的壮怀……

人，作为万物之灵，悲壮地栖息于苍茫大地之下，用心灵去追逐着自己的梦想，用信念去雕琢着自己的未来。人之所以能够创造这传世的奇迹，是因为在人的心中总有如花般的笑颜，如铁般的坚毅！如果一个孩子既有一颗自信乐观的心，又有一个永不言弃的态度，那么他的人生事业的基石已经相当稳固了！

不管你在什么时候开始，重要的是开始之后就不要停止！

勇于尝试，大胆出击

罗曼·罗兰曾经这样说过："生命很快就要失去，一个机会不会出现两次。必须当机立断，不然就永远别要。"所以，当孩子面对新的事物有新的想法时，就要抓住它，大胆地去尝试、去探索，终会发现原来世界是那么的奥妙与美好！

可口可乐公司是世界上最大的饮料公司，行销全世界 150 个国家和地区。相传，可口可乐的配方严格保密，仅为几人所知。在可口可乐声誉卓著、畅销不衰的情况下，公司决定改变配方确实是个非常大胆的举动。

1985 年 4 月 24 日，美国可口可乐公司董事长宣布，改革享誉世界的可口可乐配方饮料，成为轰动一时的新闻。

消息传出，可口可乐的强劲对手百事可乐公司乐不可支，认为可口可乐改变配方，正好说明百事可乐战胜了它而赢得了顾客。也许，百事可乐高兴得早了些。天下没有一成不变的东西，时间在不断地变化，世界在不断地变化，顾客的口味也会变化。即使是可口可乐这样的传统名牌产品，人们也还是希望它变得更好些。

在这次宣布改变配方后不久，可口可乐公司又传出新闻，决定对饮料容器也实行一次大改变，用新的塑料罐代替被认为是当时最佳饮料容器的铝罐。可口可乐公司的这股不断改革之风，是由"可口可乐"的新强人戈施达刮起的。对于这家作风一贯保守的公司来说，改变饮料配方是个惊世骇俗的举动，不仅公司内部，连华尔街的人士都感到十分震惊。

在前任主席领导下的可口可乐公司，执行稳健、保守的政策由来已久，而公司的营业仍有可观的利润和不断的增长，公司业务似乎无改革整顿的必要。但面对这个不断发展变化的社会，戈施达不安于现状，大胆革新，使公司的业务情况为之大变。他上任后的第一年，就做了两件有声有色的大事：一是把可口可乐的业务扩展到中国大陆，在北京制造并出售可口可乐；二是花7亿美元的重金买下了哥伦比亚电影公司。

——摘自王大可《创意人生》

从可口可乐公司的改革之中，我们不难看到，勇于尝试，大胆出击对于一个企业的继续发展扩大是多么的重要。与之相同的是，每个孩子的创意人生也离不开这样敢想敢做、主动出击的精神。我们要知道，只有播种，才会有收获；只有启程，才会达到理想的目的地；只有果敢，才会创造更为辉煌的成功！

大发明家爱迪生在5岁时，看到母鸡孵小鸡，就问妈妈："鸡把蛋放在屁股底下坐着干吗？"妈妈告诉他，母鸡给鸡蛋暖和暖和，为的是孵小鸡。爱迪生想，母鸡能够孵出小鸡来，自己也一定能孵出小鸡来。于是他找了几个鸡蛋，躲在邻居家的仓库里，学着母鸡的样子，蹲在鸡蛋上孵起小鸡来。

——摘自王灿明《儿童创造心理发展引论》

爱迪生的所作所为，在好多人看来似乎很幼稚，甚至有的人会称其为"傻"，但殊不知这却是他科学探索的萌芽。只有在自己动手实践、探索的过程中，儿童才能真正地理解这个现实的世界，创造未来的世界。温顺的小羊永远都不能创造奇迹！关于爱迪生，还有一个很有启发的例子：

据说，小爱迪生有一次看到气球里充了气就会飞上天，他想，人的身体里如果充了气，人一定也能飞上天。他看到水沸腾了会冒气，想起了人吃了一种叫作"沸腾散"的泻药，肚子里一定也能冒泡。于是他把一大包药给邻居的孩子吃，差点闹出人命事故。

——摘自王灿明的《儿童创造心理发展引论》

一个孩子在出生阶段、在幼儿期，他们总是睁着大大的眼睛，观看着这个神奇的大千世界，他们也总是这摸摸，那碰碰，来感知这个世界。如果孩子的主动探索不会带来任何的危险，而只是弄坏了还可以再买的东西，弄脏了还可以再洗的衣服，那么，我们还有什么理由非要阻止孩子这种探索的欲望呢？现在有很多家长，看到孩子不听话，弄坏了东西，做了貌似愚蠢幼稚的事情，就会对孩子加以训斥，甚至有的还会大打出手。这无疑已经伤害了孩子幼小的心灵，使他们变得唯唯诺诺，什么都不敢干、不敢做，又何来的创造？我们应该给孩子一个宽松自由的环境，让孩子体会到童年的快乐无羁，要知道，多少发明创造都是在意外之中诞生的，我们不能让刚刚发芽的创造就这样夭折在我们的手中。

一个敢想敢干的人，终能把梦想收获成果实；一个敢想敢干的民族，终能把神话改写成历史。保持住一份好奇，就坚守住一片生机；栽种下一株胆量，就生长出一方勇气；赋予每一刻以探索，创造每一天的传奇！

抓住机遇，引爆自己的灵感！

培养兴趣，正确引导

"知之者不如好之者，好之者不如乐知者"，一个人如果对自己所从事的事业没有兴趣，他又怎么能在这个领域继续发展，他又怎么能把这个东西学好，更谈不上什么创造。就像一个孩子，如果他不喜欢作文，你非要他上作文补习班，那么他只能是鸭子听雷，因为他不感兴趣，他会发自内心地排斥，

只要一写作文，他就会感觉头也晕，肚子也疼，久而久之，给孩子的身心都会造成不必要的伤害。所以，要想发挥孩子的创造潜质，教师和家长就要加以正确的引导，极大地培养孩子的创造兴趣。

大科学家伽利略的父亲是一个音乐家，精通希腊文和拉丁文，伽利略小时候就受到这方面的教育。

那时候，学习自然科学的人都没有什么前途，伽利略长大后，他的父亲希望他学医，于是17岁那年，伽利略进入比萨大学医学院，开始学医。但年轻的伽利略思想活泼，不喜欢为了谋生而学医，他违背家庭的意愿孜孜不倦地学习数学、物理学等自然学科，在这方面的兴趣越来越大。他的进步很快，引起了青年数学家玛窦·利奇的注意，利奇几次亲自拜访伽利略的父亲，说他的儿子如果改学自然学科，定会取得更大的成就，他父亲这才勉强答应下来。从此，伽利略潜心钻研起他所喜欢的数学、物理学、天文学来，最后成为一名闻名世界的大科学家。

——摘自甘曜玮《作文材料大王》

所以，要想让孩子更好地发展，我们不能够忽视孩子兴趣爱好的重要性，只是一味地让孩子按照自己的意愿想法去生活学习，那么孩子的生活还有什么乐趣可言？只不过是苟且生存罢了。曾经有个人问著名的物理学家丁肇中搞研究辛苦不辛苦，他回答说，不仅不苦，反而很高兴，"因为我有兴趣，我急于要探索物理世界的奥妙"。

据说著名诗人歌德的创造力正是源于他小时候的训练，他的妈妈每天都要给小歌德讲故事，但是每次讲到关键的地方，他妈妈就停下来，让歌德自己创造各种各样的假设。就这样，日复一日、年复一年的训练，为他日后的创造性成就打下了稳固而坚实的基础。

但是，现在在中国传统的教学环境下，学生更多的是"要我学"而不是"我要学"。当孩子不高兴时，我们常常听到的是"我不给你学了"而不是"我不为自己学了"。所以，不管是老师还是家长，我们都要尽力做到"海阔凭鱼跃，天高任鸟飞"，给孩子一个较为宽松的学习环境，给他们一个培养、发现自身喜好的空间，最终挖掘他们内心深处的创造源泉。

天才就是强烈的兴趣和顽强的入迷。

——木村久一

第四部分 事 业

（二）培养孩子良好交往能力的习惯

阶段一：认识

加强沟通，才会增进理解

在蝶的眼中，花是天使，因为花给予她生命的甘露；在花的眼中，蜂是挚友，因为蜂给予她生命的延续。然而，在蜂的眼中，蝶只不过是游戏花间的浪子；在蝶的眼中，蜂只不过是埋头苦干的笨蛋。

世界上没有两片完全相同的落叶，没有谁是谁的影子，没有谁可以不需要沟通就明白谁。虽然我们是这个世界上独一无二的个体，我们可以创造出许多传世的奇迹，但其实我们并不强大，在我们坚硬的外表下包裹着的是我们脆弱的心扉，我们也有孤独、有困惑、有失落，我们也都是那么渴望被理解、被安抚。或许我们原本是擦肩而过的陌生人，但是就在我们伸出手紧紧一握、嫣然一笑的瞬间，我们的人生便不再漠不相关。我们之所以如此的冷漠、如此的高傲，是因为我们害怕被拒绝，其实我们是那么的容易相处，也是那么的容易接受，只要我们勇敢地伸出手、敞开心，会发现世界原来是如此的温馨与熟悉。

曾经有一位母亲带着 5 岁的儿子去逛百货商场为儿子买玩具，但是一到商场，儿子并不是像她想的那样非常的兴奋，反而又哭又闹起来。她很不解，哄着儿子不要闹，妈妈给你买好多的玩具，但是不管怎样儿子还是哭个不停。后来这位母亲很生气，训斥他说："你若不听话，现在不停止哭闹，我就再也不会带你出来逛商场，也不会给你买玩具车。"儿子更是哭得厉害，没办法，母亲只好蹲下来准备把儿子抱起来，就在这位母亲蹲下来的一瞬间，她看到了儿子眼中的画面，也明白了儿子为什么一进商场就哭个不停。原来，以五岁孩子的高度，他根本就看不到柜台，更别说那些琳琅满目的玩具了，他看到的，只是大人们走来跑去的像两根棍子的长腿，和像迷宫一样的路径。

每一滴水都折射出一个多彩的世界，每一双眼睛都嵌进一个不同的人生，每一条泛着清丽的旋律的小溪都闪烁着与众不同的光辉。这次去百货公司的经历，使这位母亲得到了很难得的与儿子沟通的经验。不管我们的面貌如何的相像，也不管我们的生活经历、成长环境如何的相近，我们始终是两个不同的且独一无二的个体。不能沟通就不能合作，不能沟通就不会相处得融洽，我们永远也不能把自己的世界、自己的价值观复制给别人，即使是你最亲近的人。不管我们有着什么样的种族、肤色、信仰、性别、出生地以及经济状况和智力水平，我们都有着相同的权利，那就是去满足我们自身的生活需求，而这一定律也同样适用于现在的孩子们。

通过他人的眼睛去欣赏，世界将是又一番景象！

团队合作，才会取得成功

蜜蜂在帮助花朵传粉的同时，也从中得到了酿造蜂蜜的原料；雨水在滋润大地的同时，也使得自己摆脱了乌云的束缚；我们在帮助别人的同时，也取得了奔向成功的宝贵经验。

鲁迅先生有言："天才并不是自生自长在深林荒野的怪物，是由可以使天才生长的民众产生、培育出来的，所以没有这种民众就没有天才。"真正有头脑，想取得成功的人要懂得：一朵鲜花，装扮不了整个春天的美丽；一个战士，也总是显得那么的单枪匹马，只有一团的战士，才会取得捷报，胜利而归。

历史上有很多获得大成功的人，都是因为受到一个心爱的人或一个真诚的朋友的鼓励。如果没有一个自信十足的妻子苏菲亚，我们也许在伟大的文学家中找不到霍桑的名字。当他伤心地回家告诉她，他在海关的工作丢了，

他是一个大失败者时，她却很高兴地说："现在，你可以写你的书了！"

"不错，"霍桑说，"可是我写作时，我们怎样维生？"

她打开抽屉，拿出一堆钱来。

"钱从哪里来的？"他嚷道。

"我知道你是天才，"她回答道，"我知道有朝一日你会写出一本名著来，所以我每周从家用中省下一笔钱，这些钱足够我们用一年的。"

由于她的自信，美国文学史上最伟大的一本小说《红字》产生了。

——摘自查尔斯·米什金《成功人士的忠告》

每个人都不能孤立地存活在人世间，都需要别人的帮助，而每一个人也都有帮助别人的能力，不管你是地位卑微的乞丐，还是西装革履的绅士，都会因为别人的一句话，一个动作，甚至是一个眼神而改变，这种改变让我们变得更加完美，同样别人也会因为我们的种种而改变人生的航向。所以，关心别人就等于关心自己，帮助别人实际上也是在帮助自己，只有能够为他人付出时间和心力的人，才是一个真正富足的人。

想想看，如果有一天一个取得很大成就的人站在你面前，对你说："是你让我有了今天的自己！"这对你来说将是一件多么成功而又自豪的经验，你的生命价值也将随之而得到提升，这个世界从此也因为你的存在而变得不再寻常。

世界上仅存的稀有植物当中，最雄伟的，应该是美国加州的红杉，它的高度大约可达三十楼层以上。对于如此高大的植物，它的根应该扎得很深，但经科学家研究发现，红杉的根只是浅浅的浮在地面而已，这一发现不得不让人们感到不解与震惊。因为对于这样高大的植物，如果根系扎得不深，很容易受到大风的吹刮，根本无法存活，可是红杉又是怎么做到屹立不倒的呢？后来经过科学家的多次考察发现，红杉的生长必定是大面积的，并没有独自一颗的。这一大片红杉的根紧密地连在一起，再大的风也不怕。

我们每一个人都有脆弱的一面，不管你是经历过风雪的成人，还是一个幼稚天真的孩童，只有我们手牵着手、肩并着肩，才能跨越一个人永远也跨越不了的荆棘，向天空拔节，高傲地呼喊！

马克思有言："我们知道个人是微弱的，但我们也知道整体就是力量！"合作的精神质朴而真诚，如世人口中传唱："人心齐，泰山移。"合作精神，睿智而深远，如《孟子》所述："天时不如地利，地利不如人和。"合作精神锋锐而隽永，如《周易》所言："二人同心，其利断金；同心之言，其臭如兰。"

曾新、李力的《习惯决定命运》一书中有这样的两段话，让我感触颇深：

团队精神，闪烁着高贵的情操与雅量。它回响着蔺相如与廉颇"将相和"的清音，"今两虎共斗，其势不俱生"一语惊醒存有私念的将军。延战秦王，协力战强国，小小赵国在强秦面前得以保全，奏一曲"以先国家之急而后私仇"的千古绝唱。

团队精神，洋溢着高瞻远瞩的智慧。它并非战国末年，六国纷纷"争割地而赂秦"，终致"众散约败"，"秦无亡失遗镞之费，而天下诸侯已困矣"；不是三国末期，吴蜀互相猜忌，使曹魏得以乘虚而入，各个击破；更不是太平天国起义军内部互相争权夺利的内讧。具有团队精神，才能使弱者有可能成为强者，才能使强者立于不败之地。

在"首届国际大专辩论会"上，复旦大学辩论队以滔滔不绝，无懈可击的辩词夺得了冠军。正如杨福家校长在总结时所说：这是一场凝聚力的竞争。这次比赛受到了全校师生的极大关注，也得到了来自各方的大力支持，在夺得桂冠的背后，是无数的"无名英雄"默默付出的身影与汗水。在台前，辩手之间的默契配合又何尝不是一种团队、一种合作精神呢？这种精神，不仅是复旦人的精神，更应成为中国人的精神，成为祖国未来建设者——孩子们必须具备的精神。

二人同心，其利断金。

——《周易》

⏰ 阶段二：培养

✏️ 学会聆听，尊重他人

在皮鲁克斯的《说与做》中有这样的一句话："现代成功人士都掌握这样一种基本的能力，即说话的能力——沟通。"人生是一门艺术，沟通又何尝不是一门艺术，如果孩子能够掌握沟通的技巧，通晓沟通的艺术，那么他们的人生早已成功了一半。

学会沟通，首先就要学会倾听，就像在盖楼之前首先要打好地基，在启程之前，首先要明确目的地和路线。孩子要知道沟通、对话，是两个人共同来完成的，每个人既拥有说的权利，又拥有听的义务，二者缺一不可。大多数人都会认为在"说"和"听"之间，"说"占有主导地位，其实不然。因为"听"可以增进对对方的了解，明白对方的想法，进而懂得自己该说什么，怎么说，也引导着对方说话的内容。

但是，在我们现实生活中，不管是成人还是孩子，都往往缺少"听"的习惯或义务。很多孩子很多时候根本顾不上别人在说什么，就打断别人的话，甚至是断章取义，掐头去尾，自顾自地说着自己的话，或者只是心不在焉地听着，左耳进，右耳出，在大脑里没有留下一丝走过的痕迹，这样的对话、这样的交流只是在浪费着他们宝贵的时间，没有任何的意义。

相信每个孩子都曾有这样的感觉：当你和一个人说话的时候，他若是眼神飘忽不定，抓抓这，挠挠那，把头扭来扭去，表现出一副爱理不理、漫不经心的样子，你们的谈话还能继续下去吗？或者是在你说话的时候也随着附和两句"噢"、"是吗"、"嗯"、"真好"、"不错"、"原来如此"等一类的话，以及他那假声假气的语调就是在提醒着你："不要在这里浪费口舌了，赶快走吧，你怎么这么能说啊，真是烦透了！"于是乎，一场兴致勃勃的谈话宣告终止，一次与人沟通、增进感情的机会从此流逝了。

相反的，如果你面对的人都在聚精会神地侧耳倾听着你口中的文字，还会很自然地点点头，发出"嗯、嗯"之类表示赞许的话，那么你说话的兴致将会大增，心情将会格外的舒畅，自信心也会大增，与之带来的是说话思路的源源不断与思维的井井有条，让听众听的舒服，不觉得乏味无聊，这从而也拉近了你与听众的感情。

所以，要想让孩子拥有较好的人际关系，首先要让孩子学会聆听他人，只有听懂了，才会说得明白。"听"是沟通的前提，也是基础。如果在沟通的过程中，孩子能够养成耐心地倾听对方话语的习惯，这就会让对方感觉到孩子对他的谈话很感兴趣，会认为自己的谈话很有价值、很有用，就这样慢慢地拉近了两个人的心距，就这样又多了一个好朋友。

曾经有人问斯迈尔斯成功交谈的秘籍在哪里？他回答说："一点秘密也没有……专心致志地听人讲话是最重要的，什么也比不上注意听那样对谈话人的恭维了。"艾萨克·马科森也曾说过："许多人没能给人留下好印象是由于他们不善于注意听对方讲话。""他们如此津津有味地讲着，完全不听别人对他讲些什么……许多知名人士对我讲，他们推崇注意听的人，而不推崇只管说的人。然而，看来人们听的能力弱于其他能力。"

每一个天才都是百分之一的灵感加上百分之九十九的汗水打造出来的，所以，孩子未来的各种能力都是可塑的，我们要从小培养孩子这种善于倾听的习惯，掌握交流的技巧，让孩子拥有良好的人际交往能力，为孩子的未来开辟人脉上的帮扶与支持。俗话说"一个好汉三个帮"，"一个篱笆三个桩"。一个成功的人的背后一定要有一个强大的人际关系。

为门庭增添光彩的是来做客的朋友。

——爱默生

保持热情，维持兴趣

伟大的物理学家，人类的奇才爱因斯坦曾说过："对一切来说，只有兴趣是最好的老师，他永远超过责任感。"一个对周围事物感兴趣的人一周之内，比一个力求别人对自己感兴趣的人在一个月之内结交的朋友还要多。我们首先要对生活抱有热情，生活才会展示给我们高昂的激情与活力。

第四部分 事业

生活中的大多数人对周身的事物，对别人都不如对自己感兴趣，而他们又非常希望多多的人都要对自己感兴趣，所以，他们每天都活得很累、很疲惫。在他们的眼中，除了他们自己没有其他的什么事情能够吸引他们，生活如果没有了激情，就犹如河流没有了源泉。

纽约电话公司为调查在通话中使用次数最多的是哪个词，详细调查了人们的通话。结果这个词是人称代词"我"。"我"字在500次电话通话中使用了3990次。"我"，"我"，"我"，"我"……

——摘自查尔斯·米什金《成功人士的忠告》）

在我们平日的生活中，这样的例子有很多：当你在看你和别人的合影时，你首先要看的是谁的？当考试成绩下来，你最先看的又是谁的？当有事情要你记录你和大家的名字时，你最先记的是不是你自己的？

《周易》讲究阴阳互补，世界上的万事万物都有其自身发展的规律。你对镜子微笑，镜子才会对你微笑；给人以爱，才会得到别人更多的爱。"人间自有公道，付出自有回报。"如果你对别人不感兴趣，别人又怎么会对你感兴趣？如果我们一味地都只是希望或是要求别人对自己感兴趣，那么我们永远也不会结交到真正的挚友，真正的朋友是要将心比心的。

著名的魔术师霍瓦特·特斯顿，40年里他走遍了全球。他的魔术令观众目瞪口呆，6000万观众看过他的表演。

当有人请求特斯顿披露他成功的秘密时，他说魔术书有上百种，人们读的书并不比他少，但是特斯顿有两个常人没有的优势：第一，他善于在台上表演。他是一个艺术非凡的演员，深知人的本性，每一个手势、语调、微笑都经过了详细的研究。第二，特斯顿对人们真正感兴趣。很多魔术师看着观众，心里自言自语："来的都是些头脑简单的人，我随便玩弄他们。"特斯顿完全持另一种观点。他每次出场，用他自己的话讲，都这样对自己说："我感谢这些来看我演出的人，靠他们的帮助，我的生活才有了保障，我应尽量为他们表演好。"

——摘自查尔斯·米什金《成功人士的忠告》

其实，社会上的各行各业都是如此，就拿教师来说，如果一个教师不热爱自己的学生，他们又怎么能发现学生的优点与不足，进而让学生得到全面的发展。如果教师不爱自己的学生，课堂上又怎么有激情，没有激情，哪里还会有素质教育所提倡的培养创新型人才？所以，我们要从小培养孩子对别人，对周身事物感兴趣的习惯，让他们从中得到快乐，让他们的幸福感通过对他人的感兴趣而得到满足。

学问必须合乎自己的兴趣，方才可以得益。

——莎士比亚

关心他人，换位思考

我们熟知的美国著名作家海明威有一次去拜访一家乡下小餐馆，第二天就有媒体的记者报道："原来海明威喜欢吃鳗鱼。"结果，不管以后海明威到哪里，当地的人都会准备好多鳗鱼给他吃，这让海明威以及他的朋友都感到很苦恼。

所以当我们下次请朋友吃饭时，不要问"你喜欢吃什么"，而要问"你今天想吃什么"。因为如果是你，想一想，你喜欢吃的，今天一定想吃吗？你今天吃的，也一定是你最喜欢吃的吗？如果是这样，那你每天不是都吃一样的食物了，所以答案当然是否定的。这就告诉我们，也告诉我们的孩子，不管做什么，不管在什么情况下，都要细腻体贴地去关心他人，换位思考。

有一天，爱默生和儿子想把一头小牛弄进谷仓里。他们犯了"只想到自己的需要"错误——爱默生用力推，儿子用力拉。但是，那头小牛也正好和他们一样，只想到自己所要的，所以两腿拒绝前进，坚持不肯离开牧草地。有个爱尔兰妇女见了，虽然她不会写什么散文集，却比爱默生更懂得"马性"或"牛性"。她把自己母性的指头放进小牛嘴里，一边让它吸吮，一边轻轻地把它推入谷仓里。

——摘自查尔斯·米什金《成功人士的忠告》

第四部分　事业

通过这个故事，告诉孩子们的是在人际交往中，最有效的、最能够让他人接受并且喜爱的就是提出他人所需要的，而且让他们知道如何去获得。孩子们要知道，人与人之间是一种平等互惠的关系，"投之以桃，报之以李"，要想让他人明白自己，首先就要换位思考，了解别人。

助人为乐，是中华民族的传统美德，但是现实中的很多孩子却不愿意帮助别人，为别人着想。为人处世中，仅从"一己"来考虑：邻座向他借块橡皮他不借；同学借用他的课本，他说他也没带；马路上，见到比自己小的小朋友摔倒了，他不扶，因为不关他的事；公共汽车上，看到抱小孩儿的阿姨上车，赶忙把眼睛闭上或扭向车外，装作没看见……这就要求家长和教师对学生加以正确的引导，让他们体验到帮助别人和受到别人帮助的快乐滋味。

善有善报，恶有恶报，虽然这句话不能适用于一切人和一切的事物，但是在大多数情况下，对大多数人来说，你种下的是谷子就绝对不会长出杂草来；你栽下的是鲜花，也绝对不会冒出荆棘来。所以，要孩子学会关心他人，换位思考，对于培养孩子良好的交往能力也尤为重要。

巧妙批评，接受指责

同样的交谈内容，不一样的表达方式，就会有截然不同的表达效果。

许多后备军人在受训期间，最长抱怨的就是必须理发，因为他们认为自己仍算是普通老百姓。一级上士哈理·凯撒谈到这个问题时说道，他正好有次奉命训练一群后备士官。按照旧时一般军人管理法，他大可对那群士官吼叫，或出言恫吓。但他并没有这么做，只是用迂回战术达到目的。

"诸位，"他这么说，"你们都是未来的领导者，你们现在如何被领导，将来也要如何去领导别人。诸位都知道军中对头发的规定，我今天就要按规定去理发，虽然我的头发比你们的还短得多。诸位等一下可以去照照镜子，如果觉得有需要，我们可以安排时间到理发室去。"结果可以料想，许多人真的去照镜子，并且遵照规定理好了头发。

——摘自查尔斯·米什金《成功人士的忠告》

我们巧妙间接地提出别人的错误，总是比直接指出别人的错误更加温和且让他人更乐于接受。如果家长想要制止孩子抽烟的习惯，打太多，吵太多都无济于事，最有效的方法就是对孩子说：如果你现在吸烟，将来就打不了篮球；如果现在吸烟，将来嗓子不好就当不了大明星……这样以另外的口吻、另外的说法来告诫孩子抽烟有害健康不是更有效吗？对于小孩子也是如此，面对同学或者玩伴的错误时，不应该直截了当地说出，要学会换一种思维，换一种委婉的方式来表达，这样才会减少孩子之间不愉快的摩擦，维持友谊的温度。

没有一个老师会喜欢一个不听话的孩子，没有一个大人会疼爱一个会和家长顶嘴的孩子，也没有一个孩子会愿意和一个"唯我是从"，不容许别人说他不对的孩子一起做游戏。

俗话说"当局者迷，旁观者清"，我们置身于其中，往往很难发现自身的缺点与不足，只有旁边的人才会看得见，也只有他们的批评才会让我们间接地认识到自己的错误，从而得到改进与完善。如果孩子们面对别人的批评，只是一味地吼叫、哭泣或攻击，那么下次还会有谁愿意冒着讨人厌的风险为他们指出不足之处呢？而且，只有孩子们坦然地接受他人的批评，他们才有权利去批评别人。

但是接受批评也要有度，孩子们只能接受那些对他们行为上的批评，而不能接受那些对于他们自身无法控制的特点或事实的批评，例如孩子们的身高、长相以及孩子们的年龄等。孩子们必须弄清楚、明白批评和污蔑的本质区别。

我们要让孩子知道，不管别人对于我们行为上的批评是否权威，只要他的态度温和，或者肯接受我们诚恳的改过态度，他就是为我们好，我们就要虚心接受，并思考自身的不足。

真正讨厌你的人，永远都不会当面指出你的过错！

第四部分 事业

保持双赢，助人助己

在企业发展的相互竞争中，企业家们都在追求着"利润的最大化"，这本没有错，但他们是否忽视了竞争对手的生存本能？只有重视对手的利益，才会有协议合作的可能，否则一个企业的单打独斗，始终显得那么弱不禁风，抑或是导致企业内部的紧张与浮躁，最终影响工作效率。这是一个多元的社会，追求双赢或者多赢是我们必然的选择，是生存发展的必经之路。

在很多孩子的认知中，似乎利己就要损人才是天经地义；在很多孩子的行为之中，又似乎损人才能利己。其实，这些都是大错特错的想法，作为老师和家长，对此我们要加以正确的引导。

宇宙浩渺，繁星闪烁，各种天体都在自己的轨道上运行着，错落有致。而地震洪水等自然灾害的发生，是大自然以它自己独有的方式告诫着人类，世界应该平衡，万物的作用缺一不可。没有共同的生存，又怎会有共同的安宁和繁荣？

爱，没有"删除"，但也不只是"保存"，它需要的是每个人、每个孩子去"复制"，去"粘贴"。如果孩子们能够多一点共赢共荣的意识，如果孩子们能够多一点各取所需、谋求发展的智慧，如果孩子们能够多一点"己所不欲，勿施于人"的想法；少一点自私自利的品行，少一点猜忌与怀疑，少一点短视，那么双赢将不再是问题。人类社会如此，企业如此，孩子们的平日生活、学习也是如此。

如果同学忘了带课本，一个孩子和他共用一本，那么或许在这个孩子跑题溜号时，及时把他拽回课堂的人是他的那个同学。如果孩子因为害怕别人超越他而不愿意去帮助别人，那他是错的。只有当一个孩子为别人讲题的时候，他才会发现，其实这道题那样计算会更加简便，为别人讲题，巩固复习知识的同时，其实这个孩子自己很大程度上也在复习，就像一道题一个孩子看了十遍还是记不住，但是经过老师一讲，这个孩子一下子就记住了是一个道理。所以我们的学校现在提倡讨论小组式的学习，就是为了让孩子们彼此帮助，共同找出解决问题的最好办法。一个人的思想是死的，两个人的思想就是活的，帮助他人，也就是在帮助自己，每个孩子都需要别人的帮助，同时，每一个孩子也需要去帮助别人，只有双赢，才能发展，这个社会早已不再适合于单打独斗的生存方式。

> 你站在窗子里看别人
> 别人站在桥上看你
> 你装饰了别人的风景
> 别人装饰了你的梦

卞之琳的这首小诗，隽永而深刻。简单的文字，却道出了双赢的真理。取尺之长，彰显了寸的灵巧；取寸之短，又褒扬了尺的长度，于是尺寸合作，打造完美的工具，呈现完美的事迹。

（三）培养孩子果断勇敢的习惯

阶段一：认识

时不我待，机不可失

《圣经》中《马太福音》里有这样一个故事：主人将要远游，分别给了三个仆人相同的钱，要求一年后归还。第一个仆人把钱拿去做买卖，全部亏了。第二个仆人也把钱拿去做买卖，赚了很多钱。第三个仆人把钱收藏起来，分文不动。主人回来了解情况后，给了第一个仆人与原来所给数目相同的钱。对第二个仆人，不但没有收回钱，还加倍奖赏了仆人所赚得的钱。而对第三个仆人，则把钱全部收了回来。

——摘自甘曜玮《作文材料大王》

从孩子出生开始，上帝给了每个孩子以相同的权利，然而最后却出现了形形色色成败不一的人，原因只在于，有的孩子掌握了自己的权利，并且勇敢地运用它，最后取得了较大的成功，然而有的孩子则因为害怕这种权利的遗失，而唯唯诺诺，最后也只是终其一生的平庸与碌碌无为。命运无常良缘难！在孩子的一生中，都会遇到好多或大或小的机遇，如果孩子们都能够抓住这些机会，那么上帝一定会给他们一个意想不到的好结果。机遇虽然多，但却总是一闪即逝，如果孩子们不抓住它，那么它永远也不会再次出现在他们的面前。不要因为自己的过错而错过，错过了就不再拥有。

有想法而不敢去执行，使之烟消云散，最后消失的是孩子的自信心与勇气。当知道孩子有一定想法时，就要督促他马上去执行，即使失败了，他们依然能够学到好多的东西，至少也让他们知道了这个想法现在还行不通，自己努力了，付出了，从此也无悔了，或许在孩子们执行的过程中他们会发现、创造出更好地想法来。不管怎样，只要让孩子们努力去执行，去实践了，他们就是有收获的，他们的自信心就是满满的。记住：有计划并不稀奇，能够去执行计划的才算可贵。

一串生动而美妙的文字闪入一位作家的脑海，越来越强烈，越来越清晰，想要提起笔来记述这些可爱的文字，把他们移向能够展示自己价值的白纸上。但是，作家并没有这样做，或许是有什么事情绊住了他吧。然而，事后，当他再提起笔想要写的时候却怎么也想不起来刚才的故事。那种冲动，那种新奇，就像梦一样真实，也像梦一样短暂而无法刻留，最终完全消失。

一幅神奇而又美好的画面突然像闪电一般地袭入一位画家的心里，但是他却不想马上就把这个美丽的风景移居在画布上。这个不朽的印象充斥着他全部的心灵，然而他却迟迟不肯跑入画室，记录它们的伟大与奇异，最后这个巨著也将渐渐地从他的心版上淡去，越来越淡，越来越模糊，最后无影无踪。

塞万提斯曾经就说过："取道于'等一会'之街，人将走入'永不'之室。"灵感来时，总是那样的强烈而生动，而当灵感去时，也总是那样的迅速而缥缈。抓住了它，就抓住了永恒，失去了它，就失去了永远。

凯撒因为接到了报告没有立刻展读，遂一到议会便丧失了生命；拉尔大佐正在玩牌，忽然有人送来一个报告，说及华盛顿的军队，已经进展到拉华威，他将来件塞入衣袋中，牌局完结才展开那报告，他立刻调集部下出发应战，但是时间已经太迟了，结果全军被掳，而他本人也以身殉国，仅仅是几分钟的延迟使他丧失了尊荣、自由与生命！

——摘自查尔斯·米什金《成功人士的忠告》

"马上行动"这是成功人士的经验，也是失败者的教训。

如果我们生病了不及时去就医，最终只会花更多的钱，浪费更多的精力，甚至是失去幸福，失去生命。课堂上，老师给大家展示自己的机会，有的孩子却唯唯诺诺，不敢举手，转来扭去，一次害怕，两次担心，到了第三次就

189

是放弃，刚开始是这个孩子放弃了机会，后来则是机会放弃了这个孩子。

拒绝拖延，要将"拖延"看成是孩子们最大的敌人。要他们果断勇敢地去面对机会，面对自己的想法，因为拖延最终窃去的不仅仅是一次展示自己的机会，而是孩子们的尊严、人格、自信与勇气。

行动在先，成功在后

巴金是一位伟大的作家，他的作品有《灭亡》等，然而他最著名的作品还不得不说是他的"激流三部曲"：《家》、《春》、《秋》。巴金不但作品多，他的名言也很多，其中我最欣赏的一句就是："生命的意义在于付出，在于给予，而不在于接受，不在于索取。"付出不一定会有回报，但是不付出一定就不会有回报，同样的，如果我们不先行动又怎么会有成功呢？举个例子来说，现在乡村的井，在你想要得到清凉的泉水之前，你必须先倒里一些水，才会得到更多、更好的活水。

大千的世界，万物发展自有其定律，在你得到一些东西之前，必然要先付出一些东西，有舍才有得，这也印证了中国的一句古话"舍不得孩子，套不着狼"。在我们生命的旅途中，在你得到你想要的东西之前，你总是得先投进去一些东西，不管你愿不愿意，这是大自然，是人类社会发展的定律。假如我们想学到知识，那么我们就得上学，上学就需要我们交学费，这就是一种付出，不仅如此，我们还要买书，或许我们还会参加各种辅导班来充实自己，而这些都会花费我们好多的时间，我们的童年，我们的青春也将一直在学校的课堂中度过，所有的这一切都是付出，结果只为学到知识，充实内在的自己。这是一个现实的世界，没有传说中的天上会掉下馅饼来，只能是你自己动手去做，才会吃到香喷喷的面饼，而且永远也不用担心哪一天这个面饼突然消失不见。唯有我们现在努力工作，勤奋学习，才会得到未来我们所期望的东西。

一位推销员对老板说："给我加薪，我会做出更好地业绩，虽然我现在没有什么大的事迹，但是让我做经理吧，让我做经理，我就会创造出更大的价值。"学生对老师说："老师，您这次让我及格吧，不要让我把没及格的成绩单带回家，您让我及格，下学期我一定会考出个好成绩来的。"即将毕业的大学生对用人单位说："你聘用我吧，虽然我现在的能力还很欠缺，但是，只要你肯聘用我，我的能力也一定会提升，我也一定会让您满意的。"……这里的所有人，他们只想得到而不想付出，他们的付出总是伴随着一定的条件，而得到却总是显得那么的理直气壮。只可惜，生命并不是这样运行的，没有行动，就一定没有结果，一个人为刚刚来到这个世界而欣喜前，总会先听到呱呱坠地的哭声。

四川边境有两个和尚：一穷一富，都想到南海去。穷和尚凭"一瓶一钵"去了南海，富和尚却只是"数年来欲买舟而下"，并没去成。可见，不管条件如何，不管你准备得是否充分，只有行动才会有结果，不行动，永远处于准备状态中，你永远都不会得到想要的结果。现在有好多小学生上课不听课，原因是没带课本，或者是我的课本还没发下来，所以我不听。其实只要我们能够让孩子认真去听了，孩子就会发现只要他们努力，即使没有课本，他们依然可以学到好多的东西。相反，如果孩子长此以往总是有各种借口、各种理由不去完成自己该完成的任务，慢慢的，就会形成懒惰、不思进取的习惯，最后一事无成。

记得曾经看过一部电影，叫《海市蜃楼》。其中一个青年小伙从海市蜃楼上看到一位骑着白马的蓝衣少女，便起意要追到她。于是这个青年小伙立即行动，历尽千难万险，终于找到了他梦寐以求的"仙女"。当时我惊讶于青年小伙的勇气和海市蜃楼的神奇，但后来我才真正地明白了这部电影的寓意：只要肯追求，付之于行动，即便是再不可能，再艰难的事情也肯定会有结果。

> 每一个成功者都有一个开始。勇于开始，才能找到成功的路。

 阶段二：培养

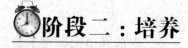 充满自信，永不言弃

美国某小学的作文课上，老师给小朋友的作文题目是"我的志愿"。一位

小朋友非常喜欢这个题目，他飞快地在本子上写下了他的梦想。他希望将来自己能拥有一座占地十余公顷的庄园，在肥沃的土地上植满如茵的绿草。庄园中有无数的小木屋、烤肉区及一座休闲旅馆。除了自己在那外，还可以和前来参观的游客分享自己的庄园，有住处供他们歇息。

作文交给老师后，这位小朋友的本子上被画了一个大大的红"×"，老师要求他重写。小朋友仔细看了看自己所写的内容，并无错误，便拿着作文本去请教老师。

老师告诉他："我要你们写下自己的志愿，而不是这些如梦呓般的空想！我要实际的志愿，而不是虚无的幻想，你知道吗？"

小朋友据理力争："可是，老师，这真的是我的梦想啊！"

老师也坚持："不，那不可能实现，那只是一堆空想，我要你重写。"

小朋友不肯妥协："我很清楚，这才是我真正想要的，我不愿意改掉我梦想的内容。"

老师摇头："如果你不重写，我就不让你及格了，你要想清楚。"

小朋友还是摇头，不愿重写，而那篇作文也因此得了大大的"E"。

30年后，这位老师带着一群小学生到一处风景优美的度假胜地旅行。在尽情享受无边的绿草、舒适的住宿及香味四溢的烤肉之余，他看见一个中年人向他走来，并自称曾是他的学生。这个中年人告诉他的老师，他正是当年那个作文不及格的小学生，如今，他拥有这片广阔的度假庄园，真的实现了儿时的梦想。老师望着这位庄园的主人，想到自己30多年的教师生涯，不禁感叹："30年来，我不知道用成绩改掉了多少学生的梦想。而你，是唯一保留自己的梦想没有被我改掉的人。"

——摘自李卫平 李亚莉《青少年健全人格教育故事全集》

赫里克有言道："我是我命运的主人，我是我心灵的主宰。"没错，命运只掌握在自己的手中，只有自己才能预测自己的未来，而成功也永远属于那些勇于执着、永不放弃的人。

心理学家艾尔费烈德·艾德勒说："你愈不把失败当作一回事，失败愈不能把你怎么样；只要能保持个人心态的平衡，成功的可能性也愈大。"所以，当孩子们的目标已定，不管有再大的困难，不管有多少次的失败，孩子永远都不能失去的是他们骨子里的自信，他们永远也不能说的两个字就是"放弃"。

海伦·凯勒说过："对于凌驾于命运之上的人来说，信心是命运的主宰。"信心，是巍巍大厦的栋梁，没有它，就只是一堆散乱的砖瓦；信心，是滔滔大江的河床，没有它，就只有一片泛滥的波浪；信心是熊熊烈火的引信，没有它，就只有一把冰冷的柴把；信心，是远洋巨轮的主机，没有它，就只剩下瘫痪的巨架。

孩子的自信要从小就开始培养，如果孩子缺乏自信，随着时间的越走越远，孩子的内心也会越积越沉，最后无法拯救。当孩子遇到困难时，家长及老师都要给孩子一定的鼓励，不要让孩子放弃，不管最后的结果怎么样，都要让孩子养成坚持到底的习惯，"笑到最后的人笑得最美"。要让孩子体会到：在这个世界上，其实没有什么大不了，一星陨落了，黯淡不了所有的星光；一花凋落了，荒芜不了整个的春天；一次失败了，也决定不了永远。要相信，我能行，奇迹将由我来创造！

汪正正的歌声优雅而高远：

不在乎等待几多轮回

不在乎欢笑伴着泪水

超越梦想一起飞

你我需要真心面对

让生命回味这一刻

让岁月铭记这一回……

✏ 坚定意志，必须去做

"骐骥一跃，不能十步；驽马十驾，功在不舍；锲而舍之，朽木不折，锲而不舍，金石可镂。"再大、再美好的想法，如果孩子们不能坚定自己的想法，不告诉自己必须去做，那么也只是一场空无的虚有。

如果说雄鹰腾飞于苍穹要经历风雨的打击，那么，它那搏击长空的意志就是它那双犀利的双眼；如果说骏马奔驰于旷野要经历万里锤炼的考验，那么它那奔腾于万里为夙愿的意志就是它那翻越千山万水的铁蹄。人，欲傲立

于世，立一世伟业，成为一代雄主，那勇战万方的意志就是其成功的基石。

当孩子独自踯躅在冰冷的寒夜，为遭遇挫折而困苦不堪时；当孩子徘徊于夜色难明的街头，为生活的不顺而将痛苦放大时，我们要告诫孩子们的是：其实生命中痛苦与挫折常伴，成功与失败相随。只要孩子们调整好自己的心态，坚定毅志，再大的风雨都去执行，不害怕、不拖延，就能够享受到成功的快乐。

"千磨万击还坚韧，任尔东西南北风"，是青竹在向孩子们昭示着它的毅志，昭示着贯穿于生命的不屈与坚强；"不爱沙滩擢贝子，扬帆击楫戏中流"，是弄潮儿在向孩子们昭示着他的毅志，昭示着蓬勃于血脉中的勇敢与无惧；"仰天大笑出门去，我辈岂是蓬蒿人"，是李白向孩子们昭示着他的意志，昭示着他不屈于尘世的坚定与独立。

说一万次，不如去做一次，说得再美，也只不过是文字，只有真实地去实践，才更有价值，才会铭记为历史，永不褪色。作为老师和家长，我们要孩子时时告诉自己，必须去做，成功者的字典里没有"No"，只有"Go"！

家长及老师在培养孩子养成坚定想法、及时行动的习惯时，要起到督促与鼓励的作用，给孩子提供自由思考、自由发挥的空间。当孩子提出为写作文要去泥地里玩，呼吸泥土的味道，我们不能因为怕孩子弄脏衣服而不准，要知道，只有孩子亲自体验的东西才最真实，也更刻骨。假如吃晚饭时，孩子突然想知道菜里的土豆的秧是长什么样的，想跑去看看，触摸一下，你却要孩子吃完饭再去，那孩子吃完饭后还会想到要去看土豆秧吗？如果老师要孩子回家做手工作业，第二天交上来，可是孩子做了好多次也做不好，这时你来了对孩子说："别做了，妈妈（爸爸）帮你做。"那你就真的大错特错了。当孩子遇到困难，还没有说放弃时，你却先要孩子放弃，那么以后孩子会不会一次都不做，直接叫别人来帮助他，久而久之，孩子不仅养成了惰性，而且也消磨了孩子坚持到底、不惧困难的意志。有点困难就想逃避，有些新奇的想法因为害怕失败而使其就此消逝，因为作业太多不愿意每天一点点的完成，直接就选择放弃。以小见大，当孩子长大后又怎能独立，怎么经得住风雨，成就一番事业呢？

当孩子不愿意去做某事的时候，要孩子养成告诫自己"必须去做"的习惯，习惯成自然后，成功也将成为一种理所当然的结果。

生命，是用不灭的希望和不凋的向往编织的花环——绚丽辉煌；生命，是用毅志的血滴和拼搏的汗水酿成的琼浆——历久弥香；生命，是用顽强的信念和永恒的执着筑起的一道铁壁铜墙——固若金汤。

> 朝着一定目标走去是"志"，一鼓作气中途不停止是"气"，两者合起来就是志气。一切事业的成败都取决于此。
>
> ——戴尔·卡耐基

今日事，今日毕，马上行动

凡事拖不得。鲁迅的写作就是"马上"。鲁迅在一篇题为《马上日记》的《豫序》中写到："……既然答应了，总得想点法。想来想去，觉得感想倒偶尔也有一点的，干时接着一懒，变搁下了，忘掉了。如果马上写出，恐怕倒也是杂感一类的东西，于是乎我就决计：一想到，我就马上写下来，马上寄出去，算作我的划到簿。"他还在逝世的前一个月，写过一篇叫《死》的文章，说由于生命产生了"为先前所没有的"、对一切事情"要赶快做"。鲁迅经验的可贵，就贵在"马上"和"要赶快做"上。

——摘自吕涵《决定成败的习惯与细节》

马克思说："我不得不利用我还能工作的每时每刻来完成我的著作。"可见，历史上那些伟大的人物都有着做事果断、不拖延的习惯。生命中，昨天再辉煌，也只是记忆，明天再美好，也只是畅想，只有今天最宝贵，也只有"现在"最有价值，抓住了"现在"，也就抓住了马上行动，抓住了成功的绳索。

朱光潜老先生说得好："此身应当做而且能够做的事，就此身担当起，不推诿给别人；此时应该做而且能够做的事，就在此时做，不拖延到未来。"而我们现实生活中有很多人都有拖延的习惯，对于他们来说，"现在"总是无所谓，而"将来"才更重要，可他们是否曾想过，没有"现在"，哪里还有"将来"？到了"将来"的那一天，"将来"又成了他们无足轻重的"现在"，他们真正的"将来"在哪？他们的"现在"总是"赊账"状态，而"现在"才

第四部分 事业

会决定一切。社会上有这样的成人，又怎会没有这样的下一代。现在好多学生，不管作业有多少，也不管假期有多长，他们总是喜欢把作业放在最后或最后一晚开夜车去完成，最终导致质量差，孩子的身体健康也由此而受到了不良的影响，这不得不让我们担忧。

作为家长、作为老师，我们该怎么去帮助孩子养成今日事，今日毕，马上行动的习惯呢？我们要让孩子明白马上行动的好处和拖延的坏处；鼓励孩子，引导孩子正视自己不喜欢、不想干的事情；教孩子把大块的事情分割成小块来完成，制订计划，每天完成多少，必须去做；当孩子按时完成任务，要给孩子一定的奖励，或精神上的或是物质上的，但不要太大，培养孩子及时完成任务的兴趣。

立即行动胜于百变妄想。曾在吕涵的《决定成败的习惯与细节》一书里看到过这样一个好笑又很有启发的故事：

有个落魄的中年人每隔两三天就到教堂祈祷，而且他的祷告词几乎每次都相同。

"上帝啊，请念在我多年来敬畏您的份上，让我中一次彩票吧！阿门。"

几天后，他又垂头丧气地回到教堂，同样跪着祈祷："上帝啊，为何不让我中彩票？我愿意更谦卑地来服侍您，求您让我中一次彩票吧！阿门。"

又过了几天，他再次出现在教堂，同样重复他的祈祷。如此周而复始，不间断地祈求着。

终于有一次，他跪着："我的上帝，为什么您不垂听我的祈求？让我中一次彩票吧！只要一次，让我解决所有的困难，我愿终身奉献，专心侍奉您……"

就在这时，圣坛上空传来一阵宏伟严肃的声音："我一直垂听你的祷告。可是，最起码，你老兄也该先去买一张彩票吧！"

看了这个故事，我们不得不想到，憧憬再美好，如果你不去践行，只是每天做白日梦，那么想帮你的人都无从下手。所以我们要培养孩子该出手时就出手，不要犹豫不决，想到就去做，边想边做，今日之事，定要今日来完成的习惯。

全力以赴，做到最好

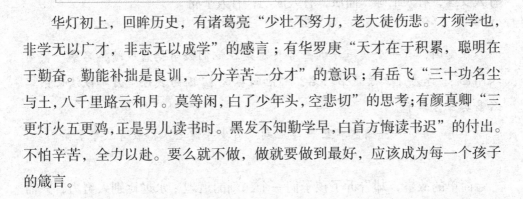

勤劳一日，可得一夜安眠；勤劳一生，可得幸福长眠。

——达·芬奇

华灯初上，回眸历史，有诸葛亮"少壮不努力，老大徒伤悲。才须学也，非学无以广才，非志无以成学"的感言；有华罗庚"天才在于积累，聪明在于勤奋。勤能补拙是良训，一分辛苦一分才"的意识；有岳飞"三十功名尘与土，八千里路云和月。莫等闲，白了少年头，空悲切"的思考；有颜真卿"三更灯火五更鸡，正是男儿读书时。黑发不知勤学早，白首方悔读书迟"的付出。不怕辛苦，全力以赴。要么就不做，做就要做到最好，应该成为每一个孩子的箴言。

全世界最伟大的篮球运动员迈克尔·乔丹在率领公牛队获得两次三连冠后，毅然决定退出篮坛，因为他已经得到世界上篮球运动史中最多的个人光荣记录与团队记录，他是20世纪最伟大的体坛运动员。

在退休后，他说："我成功了！因为我比任何人都努力。"

乔丹不仅比任何人都努力，在他处于巅峰时刻，他还是很努力，不断地想要突破自己的极限与纪录。

在公牛队练球的时候，他的练习时间比任何人都长，据说他除了睡觉的时间之外，一天只休息两个小时，剩下的时间全部用来练球。

——摘自李卫平 李亚莉《青少年健全人格教育故事全集》

不管我们现在是什么身份，不管我们是个无忧无虑的孩子，还是个已经步入社会的成人，不管我们从事什么行业，做什么事情，或大或小，我们都要全力以赴，要么就不做，做就要做到最好，只有做到最好，我们才不会去羡慕别人，而只和自己相比，我们才会看到想要的或曾经想都不敢想的结果。在篮球比赛中，我们常常能看到许多运动员在罚球时，投不进去球，而选择

第四部分 事业

错误地对对方进行身体上的攻击。假如那些运动员都能够像乔丹一样的努力、一样的付出，那么世界上又会出现多少个"乔丹"，多少个"公牛队"！

同一片天空，同一间教室，多年后，为什么会拥有截然相反的人生之旅？同一个行业，同一种环境，多年后，为什么有人是领导，而有人还在员工时代徘徊？孩子们的目标相同、经历相似、环境相近，不同的，只是他们自己：有人安逸，有人忙碌，而后，有人成功，有人平庸。

在美国，有一个卖汽车的业务员总是在他们公司销售成绩排名第一，有人问他："你为什么总是第一名？"他回答说："因为我每个月都设法比第二名多卖一台车子。"

——摘自李卫平 李亚莉《青少年健全人格教育故事全集》

简单的故事，却告诉了孩子们一个深刻的道理：永远比别人努力，只需要一点点，你就有权利选择俯瞰他人！

"业精于勤荒于嬉，行成于思毁于随"。孩子要知道，只要你每天比别人多背一个单词，十天就是十个，一百天就是一百个；只要你每天比别人多做一道题，你就比别人提高了一点做题的速度，久而久之，距离就这样渐渐地在无形之中拉开，你努力的结果也慢慢地展开。你和他同样地参加了一个小活动，他草草地结束了，如果你能全身心地投入，全力以赴，最后的第一名肯定是属于你，而不属于那些草草行事的人。

全力以赴，做到最好，一生无愧，一世无悔！

哪里有天才，我是把别人喝咖啡的工夫都用到工作上的。

——鲁 迅

（四）培养孩子善于反思的习惯

⏰ 阶段一：认识

✏️ 总结经验，选择捷径

回顾前人，有孔子的"学而不思则罔，思而不学则殆"；有孟子的"心之官则思，思则得之，不思则不得也"；有朱熹的"读而未晓则思，思而未晓则读"。思考能让我们明晓书中的道理，反思能让我们通达做事的捷径。一个善于反思的人，是一个成功的人；一个只重结果、不思考原因的人，是一个愚蠢的人。

"三人行，必有我师焉"，面对别人的失败，如果孩子们能从中吸取经验教训，做出正确的思考并付之于行动，那么他们就会逐渐地走向成功。当孩子自己失败了，家长和老师要鼓励孩子不要气馁，要孩子学会去反思，去回顾自己为什么会失败，哪里做得不好、不够到位，然后再去尝试一下，结果会大不一样。当孩子成功时，我们也要提醒孩子要反思自己是如何做到的，如果是自己不断的努力，日复一日地坚持，那么以后不管他们面对多大的任务都要记住这一次的成功，然后坚持不懈做到底。我们还要引导孩子去思考是否还有更好的方法来取得这样的成功，中间的哪一步下次他们可以直接去掉，而又有哪一步下次要注意不要再出错。只有孩子们不断地从各种各样的成功与失败中总结经验，他们才会为下次的成功铺路，创造捷径。

✏️ 完善自己，并赢得好人缘

曾在一篇文章中看到过这样一句话："思之则活，思活则深，思深则透，

第四部分 事业

思透则新，思新则进。"孩子只有不断地反思才会发现自己的缺点与不足，并加以改之，不断地取得进步与成长。生命的价值就在于不断地思考人生，如果一个人不会思考，那么他和芦苇还有什么区别呢？如果一个人不会思考，那么他又怎么能够取得成功呢？即使是坚持不懈，当铁杵磨成针时，我们还能看到吗？时间是一个无限的东西，可是人的生命确是有限的。要想让有限的生命发挥出无限的价值，人不可缺少的就是反思。

日本近代史上有两位一流的剑客，一位是宫本武藏，一位是柳生又寿郎。宫本是柳生的师傅。据说想当年，柳生拜宫本学艺时，曾就如何成为一流剑客请教老师。柳生问："以徒儿的资质，练多久可以成为一流剑客？"宫本答："至少也要十年。"柳生一听十年太久，就说："如果我加倍努力，多久可以成为一流的剑客？"宫本答："那就要二十年。"柳生一听还以为自己的努力不够。就说："如果我夜以继日一刻不停地苦练，多久可以成为一流的剑客？"宫本说："如果这样的话，你就只有死路一条。"柳生越听越糊涂。这时候，就听宫本说："要想成为一流的剑客，就必须留下一只眼睛给自己。一个剑客如果他只知道注视剑客的招牌，不知道自我反思，不会时时地自我反省，那他一辈子也成不了一流的剑客。"宫本的话字字千金，让柳生醍醐灌顶，茅塞顿开。

——摘自天马行空《努力做一个反思型的教师》

推动一个人事业发展，不断完善自己的有两个轮子，一个是坚持不懈的勤奋与刻苦，一个就是懂得不断地反思自己的过去，思考自己的未来。反思自己，可以让孩子们吃一堑长一智，不再重蹈覆辙；反思自己，可以让孩子们完善自己，并赢得好人缘。"我刚才开的那个玩笑过不过分，恰不恰当，如果觉得不太好，下次切记就不要再开这种玩笑了，如果觉得还不错，那么下次在什么情况下，面对什么样的人我可以开这样的玩笑，说这样的话，并且带来好的效果。我昨天那样做对不对，会不会伤害到他（她），我是否还有别的更好地方法呢……"反思自己，会让孩子与身边的老师、伙伴以及自己的父母相处得更融洽、更和谐，会让孩子们慢慢地懂得更多更好的社交技巧，并带来好的人际关系。好的人际关系不仅可以给孩子们物质上的帮助，更重要的是会让孩子们感觉到温暖与自信，在这个竞争压力巨大的社会中，找寻到那份心灵深处的静谧。

曾在网上看到朵一的一篇名为《在规则面前，我失信了》的文章，很受启发：

很小的时候，我一直很遵守规则。每次，只要我看见那些大哥哥、大姐姐们在草地上乱滚乱跑时，我就会大声对他们说："不准踩草坪！"现在想起那天真、可爱的声音，我也会很为自己感到自豪。我一直觉得，在我和每人的心中都隐居着一个很遵守规则、很文明的"我"！我对心中的那个"我"承诺，一定要时刻遵守规则。

那次，我在规则面前，失信了。

前年寒假，我们一家来到了昆明大观园，那里百花盛开，各种花儿争奇斗艳，很多游客都高兴地在花丛中照相。这时，我的目光被一片金色的郁金香丛吸引住了，那花丛看起来，是那么迷人，那么美丽。这鲜艳亮丽的色彩，使我禁不住美的诱惑，心想："要是我能躺在花丛中间，一定就像一位迷人的小花仙子一样。"这样想着时，我真就禁不住美的诱惑，真就躺在花丛中照了一张。

我还自信地将那张我自以为美得像小花仙子一样的照片，让妈妈挂在了她的博客上。妈妈的博友们都夸我漂亮。但他们谁也没有发现这漂亮的背后有一个很丑陋的地方。

突然一天，妈妈让我看了其中一位博友的留言："你认为女儿这样很美吗？难道她身下的花不痛吗？"看了这句话，我心中猛地一震，觉得自己确实太大意了，自己在心里难受自责了好久。俗话说："不以规矩，不成方圆。"要是所有人都去践踏那些花儿，那片花丛又会变成什么样子呢？我只满足了自己的小欲望，并没有遵守好爱护花草的规则。其实，我这样并不美，只会更丑陋！

如果孩子们在做任何事情、在说任何话之前都先在脑子里想一想这样做对不对，那么他们就会少犯错、少让人讨厌，而更招人欢喜，惹人疼爱。

第四部分 事业

201

> 思考是行为的种子。
>
> ——爱默生

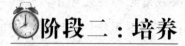 阶段二：培养

从小抓起，从白版开始

　　每一个呱呱坠地的孩子，都是不食人间烟火的天使的临世，那清澈的眼眸，让人忍不住地想要好好地将其呵护，那不带杂质的沁人心脾的微笑，时刻滋润着人的心田。儿童就是含苞欲放的花蕾，需要我们施肥、浇灌、倾心培养。

　　17 世纪伟大的英国唯物主义经验论哲学的系统化者约翰·洛克提出了欧洲哲学史上著名的白板说。他批驳了天赋的观念："人们单凭运用他们的自然能力，不必借助于任何天赋的印象，就能够获得他们所拥有的全部知识；他们不必有任何这样一种原始的概念或原则，就可以得到可靠的知识。"洛克认为，能力是天赋的，知识是后得的。他假定人的心灵是一张白纸，上面没有任何的印记，所有的思想和观念的形成都是来自后天经验的学习，来自对"白纸"的书写与描绘。

　　儿童的童真，使得他们的人生旅程总是要经历些风雨，放下些错误，走一些弯路。俗话说："吃一堑，长一智。""失败乃成功之母。"然而这个"智"是如何长的呢？失败过后又是如何成功的呢？其实在吃过一堑之后，人们心里的一丝不甘的意志，便驱使人们去分析吃这一堑的原因，去反思如何才能不会再"吃一堑"，从而便"长一智"了；同样失败过后的成功又何尝不是对失败进行深刻的反思，总结经验、吸取教训而后才有的。

　　且来看这样一个例子：在学习《除法的初步认识》时，一位老师设计了如下的新课导入：

1. 有 6 个桃子，分给唐僧和孙悟空两个人，有几种分桃子的方法？

1-5；2-4；3-3；0-6。

师：哪种比较公平？

生 1：分成 3 和 3 的那种，每人同样多就公平。

生 2：分成 3 和 3 的那种，也不公平。因为，孙悟空干活多，唐僧不干活。

2. 八戒又来了，要把 6 个桃子分给 3 个人，每个可以得到几个桃子？

2-2-2；1-2-3；1-1-4。

他们对哪种分法最满意？为什么？

生 1：分得同样多，不用抢。

生 2：分给师傅 1 个，分给猪八戒 2 个，分给孙悟空 3 个最合适。因为师傅不干活，孙悟空贡献最大。

生 3：这样分，猪八戒不乐意，因为他饭量最大，嘴又馋。

此时，老师已无法控制局面。

——摘自刘国平《由案例来看教学反思的重要性》

导致无法控制的局面，问题是在学生吗？答案显然是否定的。学生的思想是开放的，是有个体差异性的，原因在于老师备课时没有考虑到学生的接受情况或者同样的事情怎样表述，既达到教学的需要，又切合学生的认知规律。教师通过反思便可以避免这种情况的发生，设计出符合学生切身实际的案例，进行教学的导入，从而获得教学的成功。儿童一个重要的心理特征是可塑性强，所以在这个阶段我们要重视对儿童反思能力的培养，从小入手，不要等到长大了再去改变，那时儿童的性格早已定向，改之甚微了。俗话说"小树要从小就开始修枝，如果等到长大了再去修，那只会一下子把它们砍伤"。

人的心灵就是一张白纸，上面没有任何记号、任何观念，一切观念和记号都来自后天的经验。

——洛克

抓准时机，因势利导

《素质教育在美国》一书中，黄全愈先生提道：有一次他的儿子矿矿出门，他让矿矿把雨伞带上，但是矿矿执拗，不愿意带，最后回来的时候下雨了，淋了一身的雨水，后来发高烧了，烧了好几天。事后，他和矿矿交谈，让矿矿对他自己的行为进行反思，吸取教训。而后黄全愈先生让矿矿做什么事情的时候，矿矿总是能够先考虑父亲让他那么做的原因。

要说孩子做错事，那还真的很多：一时贪玩拉着几个玩伴，不管时间，一个劲地玩。玩得错过了上课时间，等这个劲头过去的时候，心里就开始紧张了，有点担心了。担心下次去上课的时候受到老师的惩罚。去上学的时候步子都觉得沉重了许多。这个时候我们是不是就可以趁"虚"而入呢？抓准这个时机，因势利导，对孩子的这个行为进行利弊分析：（1）不去上课，错过了学习知识最宝贵的时间，其他同学在学习，无形中拉开了和你的差距。（2）你要对你不去上课的行为负责——老师要对你施以惩罚。这样慢慢地培养孩子进行反思的意识。

每当孩子犯错了，我们总是如干旱时节的雨水一般浇灌而下，滋润着孩子，动之以情，晓之以理，让孩子反思自己的行为，从反思中明白自己是哪不对了，错在哪了；每当孩子任性而为，我们总是适时地出现在孩子的身旁，对孩子进行醍醐灌顶般的教育引导。

反之，当孩子因为上次犯错，受到教训而反思之后，在小朋友中表现得尤为良好，没有再犯相似的错误，做事之前知道问问自己这样做对不对，做事之后知道问问自己这样做好不好，或者知道来问家长、老师我刚才那样做对不对，知道要了解周边伙伴的感受，那么在这时，我们就要给孩子以适时的鼓励，使他们更爱反思，更欣喜于反思，从而减少错误，健康成长。

如果我们不管什么时候，不管孩子什么心情、什么处境、在做什么，就跑过去对孩子说：你昨天做的什么什么事情是多么的不对，你要记住，以后不可以再犯类似的错误了，你要学会反思。然后到了第二天，你又这样告诫孩子，第三天也是如此，不管孩子有没有犯类似的错误，你只是在那里不停地絮叨，并不去考虑孩子的想法，甚至有时孩子想去反思，也被你这样不停的话说厌了，而不愿改正，最后起了副作用。所以，我们在教育或培养孩子养成善于反思习惯的时候，要注意抓准时机，因势利导。

> 被人揭下面具是一种失败，自己揭下面具是一种胜利。
>
> ——雨果

> "凡是新的事情在起头总是这样的，起初热心的人很多，而不久就冷淡下去，撒手不做了，因为他已经明白，不经过一番苦功是做不成的，而只有想做的人，才忍得过这番痛苦。"
>
> ——陀思妥耶夫斯基

冰冻三尺，非一日之寒，凡事都贵在持之以恒。对于儿童这个可塑性那么强的阶段，我们应该时刻关注发生在儿童身上的故事，对儿童进行有意识的引导，让儿童学会对事情进行分析，进行反思。

在中国对孩子的教育历程中，最不会缺少的便是考试了。三天一小考，五天一大考的。在孩子们的学习生涯中，每一次测验完之后，老师总是会说"通过这个考试，你们好好地反思一下你们前面阶段的学习，总结一下你们自己薄弱的地方，回想一下你们自己优秀的方面……"我们在老师的带领下总是有这样或者那样的收获。比如这一次有同学在答一个题的时候，题目要求选择错误的选项，但他没有仔细看，按照一般的思维来定位这个题，结果选对的选项去了。下回我想这个同学就会多花几秒来阅读一下题目再做了。

我们的人生有很多很多的测试，可能遇到很多的挫折困难和荆棘。但是通过人生中每一次的"小测试"，都持之以恒地培养了儿童的反思的思维习惯，而且以点带面的让儿童在面对每一次的"大测试"的时候也能泰然处之，无论结果好与坏，也都能对之进行总结概括与反思。所以，孩子反思习惯的养成是一个长期而艰巨的任务，我们不可以半途而废。

第四部分　事业

苟有恒，何必三更起五更眠；最无益，只怕一日曝十日寒。

循循善诱，终成习惯

儿童的可塑性是相当强的。在对儿童的教育过程中，要对儿童进行启发引导，循循善诱，不断地强化儿童进行反思的行为，这样儿童在遇事的时候就能够进行自我思考。

熟为人知的"赏识教育法"的发明者周弘，当他女儿出生的那一刻起，便注定了他这个父亲将不会是一位平凡的父亲，展现给我们一个催人泪下的故事：1980年6月27日，他的世界彻底被改变了，这一天他的女儿出生了，本来是一个让人心情愉悦的日子，可是周弘却是满脸的愁容。因为他的女儿婷婷是一位双耳全聋的聋哑人，只能听见100分贝以上的声音。婷婷无疑是很不幸的，但她同时又是幸运的，因为他有一个很爱很爱她并懂得如何爱她的父亲。周弘在教育婷婷的时候，总是循循善诱地给予婷婷以鼓励和赏识，如果婷婷失败了一次，就启发诱导她来第二次，不断地培养婷婷的反思能力，最终把婷婷从一个有105智商的儿童培养成了人们心目中的天才。

周弘的教育无疑是成功的，通过他自己对女儿的赏识，循循善诱的鼓励，不断强化女儿的反思能力。"少年若天性，习惯成自然"，经过条件反射长期积累和强化，反思自然而然就成了儿童自己的习惯了。

对儿童进行反思习惯的培养，最终的目的就是使反思成为一种习惯。

相信大家都看过这样一个例子：有一位禅师，带领一帮弟子来到一片草地上。他问弟子们，怎么可以除掉草地上的杂草。弟子们想了各种办法，拔、铲、挖等等。但禅师说，这都不是最佳办法。因为"野火烧不尽，春风吹又生"。

什么才是最好的办法呢？禅师说：明年你们就知道了。

到了第二年，弟子再回来发现，这片草地长出了成片的粮食，再也看不见原来的杂草。弟子们才明白最好的办法原来是在草地上种粮食。

这是禅师的智慧——用粮食根除杂草。当我们身上散发的都是粮食的光芒的时候，杂草自然就不存在了。当一切成习惯，一切就成自然了。

放飞翅膀，在磨砺中反思

　　老子提出的"无为而治"，就是告诉我们，帮是为了不帮，扶为了不扶。在《培养反思力》这本书中有这样一句话给人的印象极为深刻——"我不是一位教师，只是一位让你问路的旅途同伴"。是的，无论是父母也好，老师也罢，我们都只是孩子的领路人罢了，不可能事事亲为，孩子在一天天地长大，那一张白纸上逐渐有了五彩缤纷的颜色和涂料，书写下了许许多多的故事。感情逐渐丰富，人格逐渐独立，有了自己的价值观了。

　　这个时候，我想我们该放手让孩子自己去闯了。放手吧，不要害怕孩子在人生的旅途中会吃很多的苦头，我们要学老鹰，而不是老母鸡。要想真正地锻炼孩子事事反思的习惯，就要果断地放飞孩子的翅膀，让孩子自由地飞翔。

　　小树初有新芽，在成长的过程中必然会遭受到雨雪风霜的洗礼；小船升起云帆，在横济沧海的航程中必然会遭受到狂风暴雨的吹打；小溪在向前奔流的过程中，一路上伴它的不仅有鸟语花香，泉水叮咚，还有艰难险滩。然而，小树只有亲身经历了风雨以后才不会惧怕；小船只有亲身体验到了航海的要点，才会所向披靡；小溪只有真正懂得了旋涡的意义，在以后的旅途中才会更加地小心翼翼。孩子只有自己亲自飞翔过，才会真正地知道自己哪里还不够好，还需要进一步的完善。

　　邓小平说过："实践是检验真理的唯一标准。"只有真正地去实践，经历风风雨雨，才会领悟人生的许多道理，才会真正学会深度地反思自己，思考人生。

　　人要经过一番苦难才能成才。

　　　　　　　　　　——芬兰谚语

（五）培养孩子制订战略的习惯

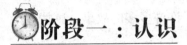

阶段一：认识

无规矩不成方圆

世间事都是有着千丝万缕的联系，事物本身及其内部也是有着联系的。所以我们说"无规矩不成方圆"。这句话无论在什么时候何种情况都是有着不可估量的重量的。对于儿童教育而言，这句话也是很重要的，因为我们本身就是生存在由各种规章制度制约的社会。

在儿童教育的阶段，儿童还很小。如果将此时的儿童加以一个比喻的话，就相当于一个刚刚建立的公司。此时是一个公司的投入期，也是一个人的培养起点，这二者在这期间有着很微妙的相似性。所以我们可以用企业投入期的相关法则来加强儿童期的教育。在一个企业刚刚建立的投入期，企业高层会着手企业文化、制度的建立。因为他们知道一个没有自己的企业制度、文化的企业定将无法成为成功的企业。更加有可能过不了投入期就夭折。所以在企业建立初期，企业要建立稳固的制度文化，拥有自己的企业文化，使自己的公司走上正轨。要时刻记住公司里不能没有规章制度，不能没有自己的企业文化。所以在这一点上企业完全印证了那句话：无规矩不成方圆。

为了让大家更加清楚这一问题，我们采取沃尔玛的成功例子来阐明企业成长和儿童教育的相似性，以下为归纳沃尔玛成功的关键，其充分体现了企业文化企业制度的重要性，也深刻地证明了无规矩不成方圆这句名言。

沃尔玛是一家从偏远地区小城镇发展起来的巨型企业，而且在其发展过程中一直遵循避开大城市的战略。在其高速发展的 20 世纪 70 年代，几乎所有的沃尔玛分店都开在人口几千到 2.5 万以内的小城镇。

沃尔玛采取的战略在兵法上讲就是："避实就虚，出奇制胜。"不可否认，大市场的规模大，但许多大型连锁店已经移居其中，沃尔玛作为一个市场新进入者，想要在大城市占有一席之地，必须付出沉重的代价，并且由于实力有限，很可能"出师未捷身先死"。此时，最理智的战略就是避开对手主力所在的大城市，到竞争较为薄弱的小城镇发展，先一步步地控制小城镇市场，再谋求进一步的发展。"专注于他人忽视的市场，才能取得他人注视的成就。"这就是"避实就虚，出奇制胜"这一伟大的军事原理在商业上运用。

沃尔玛一直强调的是，企业不仅仅将顾客视为上帝，而且将员工视为上帝。在沃尔玛，员工被视为"合伙人"，而不是简单的雇员。在物质层面，企业设立了一项利润分享计划，使每位员工能因企业盈利而获利，而且员工还享有购买企业股票的优先权。在精神层面，沃尔玛重视企业内部相互之间的思想沟通，创造了一种让员工感到自己是企业重要的一员的文化氛围。

沃尔玛公司的成功说明了"规矩"的重要性，沃尔玛公司的经营理念就是公司的特有文化，也是我们所说的规矩。这些经营策略使得沃尔玛公司有了前所未有的成功，使其有了企业的辉煌，让沃尔玛成了人们心中的美好形象。所以"无规矩不成方圆"这句话就是世界性的真理，无论应用在什么领域都是正确的。在儿童教育的阶段这更是不争的事实，更是我们儿童教育事业的至理名言。

世界上的一切都必须按照一定的规矩秩序各就各位。

——莱蒙特

良好的战略是事业发展的催进剂

什么是战略？简单来说，战略就是对未来自身发展的一种规划，它不等同于计划，它更倾向于为达到某种目标而采取的方式、方法。良好的战略就像指南针一样指引着远航的我们，如若将人生比作远航的小船，那么战略就是船舵，它告诉我们何时向东，何时向北；它也是船帆，提示我们何时起帆，

第四部分 事业

何时降落。

　　战略不是生搬硬套先进的理论概念和先进经验，也不是堆砌的各种行为规范和主观臆断，而是富有针对性、整体性的有效解决问题的办法。良好的战略有利于事业更好地发展，战略不同，发展的程度也不同，因为解决问题的方式有多种，但并不是每一种都是最好的，只有那些与众不同富有创造性的、简单正确的方法才是最好的。孙延海说："凡大事都要谋定而后动。"企业发展是企业的大事，健康成长是儿童的大事，孩子取得好成绩，全面发展是孩子的大事，而这些都要谋定而后动。不要不谋而动，也不要乱谋而动，而要谋了再动。只有谋好了再动，才会在最短的时间内达到最好的效果。

　　举个例子来说：如果一个孩子想把数学学好，提高数学成绩，所以他每天拿着数学课本不停地看，不停地读，不停地背，用了一个月把这本书的习题答案、理论要点全背下来了，可是到了月考时，成绩还是很糟糕。为什么呢？因为他选择了错误的方法，浪费了时间与精力，不但数学成绩没提上来，反而因为把时间都分配在数学上其他科目成绩也大大地下滑，这样下去的结果会怎样大家可想而知。反过来说，如果孩子懂得如何去选择，制订正确的战略，能够合理地分配时间，选择正确的学习方法，那他的学习成绩一定会得到很大的提高，从而也带动了他的自信心与积极性，以后的路，鸟语花香。

　　iPod 掀起了音乐播放器革命，iPhone 重新定义了智能手机概念，iPad 则让平板电脑成为一种潮流。过去 10 年来，"苹果"的每个产品都是革命性的。这家 1997 年靠着微软一笔 1.5 亿美元的投资才得以幸存的小公司，如今也超过微软成为全球市值最高的科技企业。人人都想知道，"苹果"为什么能成功，乔布斯不说，"苹果"也不言。《fast company》整理的这 10 条"苹果"游戏规则，也许是你目前能获知的最接近"苹果"成功秘诀的东西。

　　美国当地时间 2010 年 5 月 26 日，"苹果"公司的市值正式超越了微软，成为全球市值最高的高科技企业，同时也成为美国仅次于美孚的第二大公司。

　　"苹果"，连同它的产品以及领导者，正成为人人效仿的对象；戴尔想做个人电脑界的"苹果"，汽车共享公司 Zipcar 也发誓成为该业界的"苹果"，甚至连喜剧演员比尔·马赫都开玩笑说，乔布斯当总统的话，美国政府会更高效。

简单模仿或许人人都会，但是对于"苹果"来说那些最关键、最重要的成功原因，却从未公开过，就连乔布斯本人也从不公开谈论这些。只是在新产品发布时，这位 CEO 才会隔靴搔痒般说上那么几句。

如何才能成为"苹果"？在与这家公司的前任职员、现在的商业伙伴以及多年观察"苹果"发展的人士交流之后，我们能够得到一个大体的印象，"苹果"的成功不外乎四点：纪律、注意力、长远规划以及对业界常规的藐视。

——摘自郑晓敏《成功企业案例分析》

简言之，"苹果"的成功取决于它制订并选择了一套良好的战略战术。没有李斯，怎会有秦始皇今日创世的成就；没有诸葛亮，怎会有蜀国节节的胜利；没有东方朔，又怎会有大汉王朝的气势磅礴。当孩子养成了制订战略的习惯，他们就会少走弯路，抓住关键，权衡得失，就会不惧风雨，所向披靡。

> 有什么样的战略，就应有什么样的组织结构。然而这一真理往往被人们忽视。
>
> ——戴尔·麦康基

⏰阶段二：培养

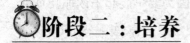
学会变通，适时而变

大千世界，日新月异，每天都有新的变化，而面对种种的变化，我们不能抓住我们原来制订好的理念、方法不肯改变，只有适时而变，才会不断地完善自己的战略方法，使其更适合于现在的自己，发挥更大的价值，而不是更适合于昨天的自己。

简单的例子就足以证明这一点：如果刚上小学一年级的孩子决定每天背

两个单词，这样坚持了好久，效果也很明显，他总是比别的同学会的单词要多，但是渐渐地我们会发现这个差距不再像以前那样明显了，这个孩子背的单词数量也不再占优势了。原因在于，他渐渐地长大了，早已不再是那个一年级每天背两个单词就感觉已经很了不起的小孩子了。对于现在的他背两个单词或许只需要几分钟的时间，甚至是更短。当大家开始每天背下几十个单词，而他还以每天两个单词而骄傲时，他又怎么能不落后呢？所以这时就需要老师和家长及时地给以引导，告诉孩子要不断地调整自己曾经定下的自认为完美的战略，只有这样，孩子才会成长，才能进步。

还有许多孩子说早晨到室外看书很有效果，一定要坚持下去，每天早上起来读书，春夏秋冬，冷雨风霜都不改变。孩子的这种意志不得不让我钦佩，可是孩子这样做真的会达到想要的效果吗？其答案当然是否定的了。为什么呢？相信会有很多人不理解，坚持不懈、艰苦奋斗难道不是我们中华民族的传统美德吗？可是相信大家也听说过"一条道跑到黑""不撞南墙不回头"的说法是用来形容一个不愿改变的固执的人。夏天还好，如果是冬天，如果在北方，这里且不说是孩子出去读书，就说我们成人出去站一会儿，谁能受得了？受得了的又有几个回来不会感冒生病的？除非他是冬泳运动员。而且冬夏我们开始工作的时间还不一样，如果说夏天你四点半起床工作、学习那很正常，那时空气也很好，但是在北方，早晨四点半起来看看，外面一片漆黑，伸手不见五指，你能工作、学习吗？只是起来折腾一次罢了。这样不仅不会带来好的效果，反之还会带来坏的影响，因为如果孩子因为要早晨起来读那几页书，然后感冒了，导致休息了好几天不能上课，不能学习，你说哪一种更划算？如果孩子因为早晨起得太早而导致睡眠不足，上课不停地打瞌睡，老师在前面讲什么浑然不知，今天学了什么也不清楚，那还有早起的意义吗？要知道老师课上的四十五分钟，比学生自己在下面学三个小时还重要。所以，孩子早起晨读是好的，但要适时而变，不断地调整起床的时间，而不是决定了就一成不变，要知道计划的速度，总是赶不上变化的速度。

"我们必须适时改变公司的生产内容和生产方式，必要的时候要舍得付出大的代价以求创新。只有如此，才能保证我们杜邦永远以一种崭新的面貌来

212

参与日益激烈的市场竞争。"这是一位杜邦权威对他的家族和整个杜邦公司的训诫。每天，在威尔明顿附近的杜邦实验研究中心，忙碌的景象犹如一个蜂窝，数以千计的科学家和助手们总是在忙于为杜邦研制成本更低廉的新产品。数以千万计的美元终于换来了层出不穷的发明：高级瓷漆、奥纶、涤纶、氯丁橡胶以及革新轮胎和软管工业的人工橡胶。这里还产生了使干化市场发生大变革的防潮玻璃纸，以及塑料新时代的象征——甲基丙烯酸。也正是在这里研制成了使杜邦赚钱最多的产品——尼龙。

——摘自查尔斯·米什金《成功人士的忠告》

杜邦公司不断地调整，不断地研制新的、更适合于自身发展、更适合于社会发展变化的产品，而取得了巨大的成功。对于学生也是如此，只有不断地调整自身发展的战略，才会跟上时代的步伐，走向成熟。

> 舟已行矣，而剑不行，求剑若此，不亦惑乎？

明确环境，知己知彼

公元前353年，魏国围攻赵国，齐国派田忌率军救赵。田忌乘魏国空虚而引兵攻魏，魏军回救本国，齐军乘其疲惫，大败魏军，赵国因而解围。

西元196年，孙策派水军攻打钱塘江南岸的固陵，屡攻不下。他的部下孙静向他献计："王朗在固陵防守很坚固，不宜正面死攻。离这里几十里的查渎有条路，可以迂回包抄固陵。你给我一支兵队，我从查渎那边围攻，给他来个'攻其无备，出其不意'，肯定能取胜！"孙策一听有理，就派兵给他，依计而行。同时，下令军队弄来数百个大缸，盛满水，给人以准备长期作战的感觉。到了夜晚，还命令军队多点灯让敌方以为孙策的主力还在原地。当孙静的部队突然出现在固陵附近的高迁屯时，王朗大吃一惊，赶忙派周昕率队迎战。然而周昕不是孙静的对手，很快战败。周昕一死，不久，固陵也就陷落，会稽一带便被孙策占领了。

第四部分　事　业

从此历史故事不难看出，只有知己知彼，才会百战不殆。对于孩子来说，这里的"彼"有好多种解释，可以是周围的环境、所在班级的情况、家长老师的期望与要求、自己的理想、学校制度等等。

首先，孩子想要学好这本教材，就要知道这本书哪里是重点、哪里是难点，然后才去克服它。孩子想要在班级里取得好排名，首先也得知道班级里的前几名都有谁，他们哪一科比较强，然后细心观察他们是如何学习的，他们的方法是否也适合于自己，在他们的基础上加以改造，形成自己的学习方法。学校的环境怎样，包括自然环境，也包括人文环境。班级的学习氛围是否浓厚，是否可以与班级同学看齐。只有明确了这些，才能合理地利用这些环境，促进自身的发展，正所谓"事是死的，人是活的"。

在张家界爬山，从七星阁下山，看到一个在蜿蜒山路旁歇息的年轻人。他身旁放着一个背袋，里面装满碎石。年轻人的衣服已被汗水湿透，肩头处的衣服已经破烂不堪了。年轻人大口喘息着，我和他攀谈起来。

年轻人背袋里装的是50公斤的碎石，从山脚下迈1600个石阶到山顶的施工现场，背一袋4元钱，一天下来可以背4袋……我突然想起在七星阁上，那两个身着民族服装的土家族阿妹，她们每陪客人照一张相收取10元钱，最好的时候一天可以收入上千元。我对满脸往下淌汗的年轻人说起土家阿妹赚钱的技巧，而他如此劳累是否心理平衡。年轻人憨憨地说道："阿妹能做的，我做不了。我只知道如果连石头都不背，我就一分钱也得不到。"

重要的不是渴望做什么，而是知道自己能做什么。

——摘自长安遥遥《知己知彼》

了解他人很重要，让孩子了解自己又何尝不重要呢？自身的素质如何，如果自己和别人一样的付出，又能达到什么样的水平。了解自己所要达到的理想目标，看看自己的不足然后加以改之。让孩子明确自己所在的家庭环境和别人有什么不同，然后知道如何做到去弊取利。在培养孩子养成制订战略的习惯的同时，要孩子明确周身的环境也很重要，只有明确了这些环境，了解了这些利与弊，才会选择制订出良好的学习成长的战略。

机会就在前方，谁先触到，就属于谁；发明创造就在那里，谁先研究，就是谁的荣耀；答案就在那里，谁先说出，谁就是第一。走在别人的前面，得到的也总是第一手的最好的东西。落在人后，别人不要的给了你，你永远都不及他人。

张爱玲说："出名要趁早！"而"早"必须要有一定的方法，如果一个孩子一直和别的孩子站在一个起跑线上，那么这个孩子永远也都只是按部就班地生活，无法从众人中脱颖而出。甚至有的孩子因为害怕前方的风雨而站在人后，待别人走过了，他再走，没错，这个孩子的生活肯定不会有那么强烈的风雨，但同样他的生活也不会有雷鸣般的掌声与欢呼，因为他站在人后，那些注定了今生与他无缘。

孩童时代，是一个天真而又无忧无虑的美好时光，孩子们除了少量的学习任务，其他时间几乎都是在玩耍中度过。如若在这时，我们能让孩子意识到未来，意识到自己的梦想以及实现梦想所需要的努力，让孩子在玩中也多记那么一点点的知识，那么我们的孩子就已经赢在了起跑线上。童年岁月，快乐也好，平淡也好，时间总是在弹指间溜过。既然让孩子疯疯癫癫地狂跑也是一天，让孩子在狂跑的快乐中学到一点有用的知识也是一天，我们为什么不去选择后者呢？只有这样从小培养孩子走在别人前面的意识，最终孩子才会形成这样的好习惯。在老师讲课之前先预习，在课堂上才会比别人表现得更好，知识也掌握得更加地透彻。

下面我们就引用一个大学生的例子来更加充分地证明这一点：

2005 年 7 月初，广州城启、合光创展和恒大物业三家单位不约而同地发函到广东华南理工大学，指名要录用该校物业管理专业应届毕业生阿笑同学，这成了华南理工大学一个爆炸性的新闻。在关键时刻，阿笑获得了让人羡慕的工作，这使许多同学感到惊讶，当别人问他有什么绝招时，他说，没有绝招，只是找工作嘛，我比大家早了一步！

当许多同学还在为怎么写好毕业论文、怎么拉关系请客以求过毕业关的

时候；当许多同学卿卿我我、花前月下的时候，阿笑已经开始到市内数百家物管企业找寻工作机会了。

为了找工作，阿笑把市内所有的物管企业的名单抄在笔记本上，然后，挨家"推销"自己。虽然在找工作的时候屡遭失败，但是他从不悲伤，从不气馁，依然四处奔波。

就这样，在临近毕业的短短两个多月的时间里，他的足迹遍布市内数百家物管企业。毕业之际，当许多同学为工作发愁时，阿笑一下子收获了三个让同学美慕不已的工作机会。这说明了什么？说明了功夫不负有心人；说明了面对就业市场的激烈竞争，大学生应该未雨绸缪，应该提前做好适应社会、适应市场的准备。

——摘自长安遥遥《读大学怎么读》

小学生也是如此，远其不说，仅为了我们毕业后能去上更好的初中，就应该走在别人的前面，先去了解这所学校，清楚进入该校的条件，然后努力增强自身的素质，以使自己达到该校的要求。

走在别人前面，即使摔倒了，也要懂得抓一把沙子在手里！

先难后易，循序渐进

我们都知道一个人的兴趣是随着时间的推移渐行渐淡的，所以，趁孩子们还有激情，趁孩子们还兴致勃勃的时候，我们就要告诉孩子先把难做的事情做完，这样以后简单的即使是没有了兴致他们也依然能完成。当难题已经解决，还有什么不可以解决的呢！

先难后易开发战略。这主要是指开发发达国家市场难度很大，这些国家经济发展水平高，对产品和服务的要求高，差异化、个性化需求特点突出，对产品的质量、技术含量、技术水准、使用性能等有不少特殊要求，打开发达国家市场，进入后要能站住脚很不容易。但一些企业迎难而上，明知山有虎，偏向虎山行。

就是要把本企业的产品投放发达国家市场，接受客户挑选，经受住挑剔，发现问题按他们的要求改进，一旦符合和满足了他们的要求，经受住考验，站住阵脚，打开了发达国家市场，然后再去开发占领发展中国家市场，就比较容易了。如海尔产品先打开欧洲市场，再闯美国和日本市场，产品在发达国家市场畅销，然后进入发展中国家市场就比较顺利了。又如宝钢，把钢材产品首先投放钢铁强国的日本和韩国市场，这两国的客商非常挑剔，能经得起他们的挑选，说明宝钢的产品质量是过硬的，达到了世界先进水平的，这就为进入其他发达国家市场和发展中国家市场，奠定了坚实的基础。

企业如此，儿童的发展培养也是如此。如果我们从小就使孩子养成先难后易的做事习惯，那么不管他以后要面对多少需要解决的问题，他总是能够在最短的时间内完成。因为当最难的那部分已经完成，他随着经验的积累和难度的逐渐下降，也会越做越顺手，越做越有自信、越有激情，进而能够在较短的时间内完成最好的质量。反之，如若先易后难，随着时间的一步步走远，兴趣减少了，事情也越来越难做，而且完成的日期也渐渐地逼近，所有的这些都会给孩子造成很大的心理压力，即便是最后完成了，质量也不高。先难后易，当结束的时候仍有着激情，即便很疲惫，嘴角还是挂着甜美、幸福、满意的笑容。这样当孩子以后再遇见类似的事情时，就不会感到厌倦，反而让孩子觉得，其实世界本没有什么，再大的困难都会过去，只要我们肯循序渐进地坚持着，所有的问题都会迎刃而解。

战略不是能够在会议桌旁随随便便拼凑起来的东西。
——特里·哈勒

第四部分 事业